新时代艺术类大学生审美价值观的培育研究

崔昊 刘闻名 著

吉林大学出版社

·长春·

图书在版编目(CIP)数据

新时代艺术类大学生审美价值观的培育研究 / 崔昊，刘闻名著. —长春：吉林大学出版社，2023.10
ISBN 978-7-5768-2598-5

Ⅰ.①新… Ⅱ.①崔… ②刘… Ⅲ.①大学生-审美教育-研究 Ⅳ.①G40-014

中国国家版本馆 CIP 数据核字(2023)第 224964 号

书　　名：新时代艺术类大学生审美价值观的培育研究
XINSHIDAI YISHULEI DAXUESHENG SHENMEI JIAZHIGUAN DE PEIYU YANJIU

作　　者：崔　昊　刘闻名
策划编辑：黄国彬
责任编辑：杨　平
责任校对：闫竞文
装帧设计：姜　文
出版发行：吉林大学出版社
社　　址：长春市人民大街4059号
邮政编码：130021
发行电话：0431-89580028/29/21
网　　址：http://www.jlup.com.cn
电子邮箱：jldxcbs@sina.com
印　　刷：天津鑫恒彩印刷有限公司
开　　本：787mm×1092mm　　1/16
印　　张：10.5
字　　数：170 千字
版　　次：2024 年 3 月　第 1 版
印　　次：2024 年 3 月　第 1 次
书　　号：ISBN 978-7-5768-2598-5
定　　价：68.00 元

版权所有　翻印必究

前　言

纵观人类发展的历史长河，从美学理论到美的实践研究，人们从未中断对于"美"的追求。审美活动中，客体的存在、作用以及变化与主体审美需要相适合、接近或一致，就可以认为客体具有审美价值，具体的审美活动逐渐积淀了主体稳定的审美价值观。审美价值观作为价值观念体系的内在维度，生成于主客统一的审美价值关系之中，以审美需要为基础、以审美判断为主要形式、以审美理想为核心，是指向"美"的价值观念。人无时无刻不在审美，受教育程度、生活环境、性格等综合因素的影响，人们对于"美"的定义不同，有人喜欢摇滚音乐的激情、有人喜欢轻音乐的宁静，有人喜欢城市的高楼大厦，有人喜欢田野的微风细雨；等等。归根结底，人的审美价值观决定着人的审美取向，人们基于审美价值观欣赏美、认识美、传播美、创造美。

我国已经进入中国特色社会主义新时代，社会基本矛盾的转变表明了人民对于"美"的新期待。尽管物质生活水平普遍提升，但人们的精神需求同样需要得到关注和满足。中国式现代化是物质文明与精神文明相协调的现代化，民族的复兴不仅需要坚实的物质基础，更需要强大的精神力量。没有先进文化的积极引领，没有人民精神世界的极大丰富，就没有民族精神力量的不断增强，一个国家、一个民族就不可能屹立于世界民族之林。因此，推进中国式现代化进程需要丰富人民的精神世界。

鲁迅先生说，要改造国人的精神世界，首推文艺。关于"美"的探讨绕不开文艺，文艺作品作为"美"的载体，承载着情感、思想和价值观，能够引领人们走向更深刻的精神体验。文艺创作的丰富多样，为人民的精神世界注入了更多的情感和活力。现阶段，我国艺术家们创造了大量的艺术作品，但不能否认的是，艺术创作方面存在"有数量缺质量"的现象。为满足受众的感官愉悦，有的艺术作品搜奇猎艳；有的调侃崇高、扭曲经典；有的以丑为美、趣味低俗；等等。精神的匮乏、生活的压力驱动着人民追求"美"，"丑"的文艺作品必然会对受众产生不可估量的负面影响。艺术作品是创作者的安身立命之本，好的艺术家能够创作优秀的作品，好的作品也能够成就优秀的艺术家。文艺作品的问题归根结底是创作者的问题，他们的审美价值观直接决定了艺术作品的质量。艺术类大学生作为艺术家的后备军，作为弘扬优秀文化的中坚力量，他们审美价值观的形成直接影响国家与民族的文艺发展水平。

新时代背景下，数字化网络媒体技术的发展为人们获取信息提供了极大的便利性，爆炸式的信息涌入人们的视野。自媒体"去中心化"的传播场域，使得人人都能够拥有"麦克风"，人由单纯的观察者变为事件的发起者、记录者、传播者，改变了传统媒体单向度的传播方式。在虚拟空间中，艺术创作的门槛较低，创作主体下沉，审美话语权下移，能够体现大众审美的多样化、个性化，但泛滥的草根意识也加剧了审美的世俗化。"注意力经济"的时代，在资本驱动之下，网络媒体为吸引用户注意力，其作品质量良莠不齐、内容搜奇猎艳。在人们长期与网络媒体的互动过程中，会逐渐模糊"美"与"丑"的界限、"艺术"与"生活"的界限，甚至打破美的评判规则。从文化的视角来看，互联网的发展进一步促进了多元文化的良好沟通，不同文化的吸收引导着不同审美价值观的形成。艺术类大学生的审美能力尚未成熟，在互联网、资本逻辑、多元文化等多元因素的影响之下极易形成消极的审美价值观，逐渐侵蚀着他们的身心健康。

习近平总书记在党的二十大报告中指出："青年强，则国家强。当代中国青年生逢其时，施展才干的舞台无比广阔，实现梦想的前景无比光明。"中国梦是历史的、现实的，也是未来的；是我们这一代的，更是青年一代的。艺术类大学生作为具有积极创新思维的青年群体，同样肩负着中华民族伟大复兴的艰巨任务。

现阶段，对于艺术类大学生审美价值观的研究较少，研究对象主要集中于青年、少数民族、女性群体等，本书对于艺术类大学生审美价值观的研究

前言

具有一定的现实意义。本书首先立足于现实，对艺术类大学生审美价值观培育的现状进行了阐述；探讨了艺术类大学生审美价值观的基本范畴，如研究内容、功能、特征；挖掘和总结了艺术类大学生是审美价值观的生成机理；分析了艺术类大学生审美价值观和审美价值观教育存在的问题及原因；最后提出了培育艺术类大学生积极审美价值观的可行性策略。

崔昊　刘闻名

2023 年 8 月

目 录

第一章 绪　　论 ………………………………………………… (1)
  1.1　新时代艺术类大学生审美价值观培育的现状 …………… (1)
  1.2　新时代艺术类大学生审美价值观培育的现实意义 ……… (10)
  1.3　新时代艺术类大学生审美价值观的相关概念阐述 ……… (15)

第二章　新时代艺术类大学生审美价值观的基本范畴 ………… (28)
  2.1　新时代艺术类大学生审美价值观的内容 ………………… (28)
  2.2　新时代艺术类大学生审美价值观的功能 ………………… (40)
  2.3　新时代艺术类大学生审美价值观的特征 ………………… (55)

第三章　新时代艺术类大学生审美价值观的生成机理 ………… (64)
  3.1　新时代艺术类大学生审美价值观的生成原则 …………… (64)
  3.2　新时代艺术类大学生审美价值观的内生机制 …………… (72)
  3.3　新时代艺术类大学生审美价值观的培育目标 …………… (80)

第四章　新时代艺术类大学生审美价值观培育问题及成因 …… (92)
  4.1　新时代艺术类大学生审美价值观的问题 ………………… (92)
  4.2　新时代艺术类大学生审美价值观的问题成因 …………… (100)
  4.3　新时代艺术类大学生审美价值观培育的问题 …………… (107)

4.4　新时代艺术类大学生审美价值观培育的问题成因 ……………（113）

第五章　新时代艺术类大学生审美价值观培育的实践措施 ……………（121）

5.1　价值取向:明确审美价值观的教学定位 ………………（121）
5.2　知识涵养:丰富审美价值观的教学内容 ………………（135）
5.3　方法支撑:优化审美价值观的教学模式 ………………（143）

参考文献 …………………………………………………………（156）

第一章 绪　论

1.1　新时代艺术类大学生审美价值观培育的现状

1.1.1　国内研究现状

20世纪初，自中国引入席勒的审美教育理论起，审美价值观的概念也随之出现。伴随着西方审美教育思想大规模涌入我国，以梁启超、王国维、蔡元培等为代表的一大批有识之士为解决人民的"国民性"问题，以凝聚人心、重塑民族之魂、构建国民精神家园为主题，结合我国的社会现实，根植于中华优秀传统文化，逐渐走出了儒家美学观的局限，阐发出适于中国实际发展的审美教育思想。改革开放以来，美育作为独立的学科被纳入我国的教育体系，自此我国审美教育开始了新的发展阶段，美、审美、审美价值观等逐渐成为哲学、美学的研究热点。以李泽厚为代表的美育工作者，创新性地运用马克思主义理论来理解和建构中国的审美教育思想。新时代以来，数字化网络技术的发展推进了人们交往形式的变革，为不同国家的文化交流提供了虚拟平台。多元文化催生了多元的审美意识，社会主流的审美意识被消解，大众的审美价值观问题凸显。审美价值观对于人的自身发展具有重要意义，为推进国家现代化进程、实现中华民族伟大复兴的宏伟蓝图，健康的审美价值观的引导问题逐渐成为学界的研究热点。

1. 艺术类大学生审美价值观的基本内涵研究

（1）关于审美价值观概念的研究

从词语本身来看，审美价值观是复合词，由"审美"与"价值观"组成，两者辩证统一而非机械式的简单组合。审美是基础和前提，内核在于价值观的引领和塑造。从基本范畴来看，审美价值观是对于审美价值的基本观点，与"价值观"内在关联。价值观始终参与人的认识与改造世界过程，人类认识，是一个极其复杂的主体与客体的相互作用的过程。在这个过程中，始终存在着价值观的参与。正是人们的价值观念才成为人们积极地认识世界和改造世界的能动的调节因素。因此，审美价值观是人立足"审美"的维度以"价值观"为导向认识世界和改造世界的思想意识。

有学者认为，价值观的形成有两个直接的前提条件：需要和自我意识。需要是形成价值观的客观前提。不同主体的需要不同，价值观也不同。自我意识是价值观形成的主观条件，包括人对自身问题的一系列思考。① 审美价值观作为价值观的有机组成部分，也形成于主观与客观对话过程，是主观与客观的和谐统一。审美价值观是指在主客体统一的审美价值关系中审美主体所形成的审美意识观念，它具体表现为审美主体的审美需要、审美情趣、审美标准和审美理想。审美价值观反映了每个人对艺术、美学和审美领域的主观看法和偏好。它是一个人独特的、个性化的对美的理解和评价方式。审美价值观不仅影响着一个人对艺术作品的欣赏，还扩展到日常生活中对事物和环境的感知和评价。审美价值观的形成是一个渐进的过程，它受到个体在不同时间和情境中接触到的各种艺术形式和文化元素的影响。个体通过观察、思考、交流和反思，逐渐塑造了自己对美的理解和喜好。这个过程可以包括欣赏不同类型的艺术作品，参与艺术创作，学习艺术史和美学理论，以及与其他人分享和讨论审美体验。

以上内容阐述了现有部分学者对审美价值观内涵的分析，归纳起来有以下几点：第一，审美价值观是一种意识观念；第二，审美价值观的形成关键在于对审美价值的把握，审美价值是指主体审美需要的满足，因此，能够得出审美价值观是建立在主体与客体、主观与客观的关系基础之上的；第三，对于主体来讲，审美价值观具有多种表现形式，稳定的审美价值观具有判断功能，为人的审美提供审美评价标准，能够指导人的思维模式、实践风格等。

---

① 曾燕波. 当代中国青年价值观发展特点及生成因素研究[J]. 毛泽东邓小平理论研究. 2007 (06)：39-45+83.

这些研究基本都停留在宏观层面，很少涉及微观层面，这也为本书关于审美价值观的理论分析留有论述空间。

（2）关于艺术类大学生审美价值观内容的研究

现阶段，学术界针对艺术类大学生审美价值观的研究相对较少，可以基于普通大学生的视角来探究艺术类大学生审美价值观的培育问题。根据文献研究法对审美价值观的内容进行分析、整理与归纳。当前对于审美价值观的研究主要分布于生态、人性与艺术等领域。

当今社会普遍存在快节奏和高压力的问题，审美活动已然成为大众日常生活不可或缺的精神调和剂。从自然美的维度来讲，人们看惯了车水马龙的马路、千篇一律的高楼大厦，更加追逐自然景观的审美享受。良好的生态环境是人们物质生活的基础也是人们精神生活的支撑。生态之美是人类在经历了生态危机之后的审美觉醒，是人类要求摆脱工具主义思维和消费主义态度的一次伟大尝试。当今社会正以生态文明建设为主旋律不断向前推进，面对着日益严重的环境污染和生态危机，人们很难再以超功利性的眼光去欣赏周围环境的美。越来越多的艺术家、作家开始以生态元素为主题进行创作，为传播生态审美意识提供了良好的基础，生态审美意识逐渐渗透到个体的精神思想之中，并作用于个体生活的各个维度。生态审美价值观体现了自然的固有属性对于人的审美价值，是美的资源所在，进一步扩充了传统的审美观念。在意识形态领域，正确的生态审美价值观能够指导人的行为，推进建设人类美好的生存家园。

人作为一切社会实践活动的主体，马克思在《关于费尔巴哈的提纲》中分析了人的本质的问题，人的本质不是单个人所固有的抽象物，在其现实性上，它是一切社会关系的总和。[①] 所谓人性美包括了人的形体美、行为美、心灵美。形体美与行为美是外在美，心灵美是内在美。评价一个人美不美，是内在美与外在美的结合，美在德行，美在完善。内在美强调以"善"为美，"善"是应用范围最为广泛的价值体系，可分为道德价值与功利价值，道德价值重

---

① 马克思，恩格斯. 马克思恩格斯选集（第1卷）[M]. 中共中央马克思恩格斯列宁斯大林著作编译局，译. 北京：人民出版社，2012：135.

视人与社会关系的和谐发展，功利价值则强调满足主体现实生存发展的直接需要。功利价值与道德价值的统一才能真正地实现"善"的价值，才能建构内在美。内在美作为生命的高级形式，往往能够引起人们的情感共鸣，能够超越个人狭隘的欲求，不断地推进人走向一种自由的境界，能够带给人以精神上的丰富。

从艺术美的维度来看，审美价值观内容涉及专业影响、社会文化、技术发展等多个方面。不同的艺术领域，如绘画、雕塑、音乐、戏剧等，都有其独特的美学标准和表现形式。研究发现，艺术类大学生在审美上可能更加敏感和深入，因为他们经常与各种不同风格和流派的作品进行互动，可以从中汲取灵感并培养自己的审美趣味。社会文化是塑造艺术美的重要因素之一。不同社会和文化的背景、历史和传统都在艺术中留下独特的印记，使艺术成为文化的镜子和反映社会发展的媒介。所以，理解艺术美需要考虑社会文化的多样性和复杂性。随着科技的进步，数字艺术、虚拟现实等新媒体形式不断涌现，为艺术的表现方式拓展了崭新的空间。这种技术发展也影响着人们对美的感知和欣赏方式，进一步丰富了审美价值观的内涵。

目前，国内学者对于审美的研究主要集中在自然美、人性美、艺术美等范畴，对于审美内容的挖掘尚有不足，为作者对于审美价值观内容的探讨留有一定的研究空间。

2. 关于艺术类大学生审美价值观的相关现状研究

(1) 关于艺术类大学生审美价值观的现状

艺术类大学生的审美价值观是一个多元而又深刻的研究领域，涉及文化、社会、心理等多个层面。随着社会的发展和变革，艺术类大学生的审美价值观也在不断演变和重构。本书将从不同角度探讨当前艺术类大学生审美价值观的研究现状。

首先，文化背景对艺术类大学生的审美价值观产生了深刻影响。不同的文化传统、历史背景和价值观塑造了人对美的理解和感知。全球化发展语境下，文化的交流和碰撞使得艺术类大学生的审美观不再局限于本土，而呈现出多元化和跨文化的特点。研究发现，艺术类大学生在接受多元文化熏陶的同时，也面临着文化认同和传统继承的挑战，这在一定程度上影响了他们审美价值观的形成。

其次,社会环境对艺术类大学生的审美观产生了深刻影响。社会的发展和变革不仅影响了审美价值观的内涵,也影响了审美表达的方式。当前的社会环境纷繁复杂,内含着多元的价值观,受环境的影响,艺术类大学生的审美趋向多样化,涌现出各种审美取向和表达方式。从个人的角度来看,心理因素是影响艺术类大学生审美价值观的重要因素之一。个体的性格、经历、情感等心理因素会影响其对艺术作品的感知和理解。

最后,教育环境在塑造艺术类大学生审美价值观方面扮演着关键角色。高校为艺术类大学生提供了专业的培训,以提升其艺术素养,教育体系和教学方法会对他们的审美理念产生影响。一些研究关注审美教育对艺术类大学生审美价值观的塑造,探讨如何在教育过程中培养艺术类大学生的审美情趣和创造力。同时,艺术类大学生也在学术交流和合作中受其他艺术创作者的影响,这也在一定程度上塑造了他们的审美价值观。

综上,当前艺术类大学生的审美价值观研究呈现出多元化、跨文化和多层次的特点。文化背景、社会环境、心理因素以及教育环境等多方面因素相互交织,共同影响着艺术类大学生对美的理解和感知。未来的研究可以进一步深入探讨不同因素之间的关系和相互作用,以更全面地理解和解读艺术类大学生的审美价值观。艺术类大学生审美价值观的研究需要立足于新时代生活,抓住时代特征,牢牢把握住新时代审美价值观的现状及困境。现阶段,针对艺术类大学生的审美价值观培育研究仍有一定的探索空间,现有的审美价值观教育为本书的研究提供了丰富的理论基础与实践基础。

(2)关于艺术类大学生审美价值观教育的现状

审美价值观是个体对于美的感知、理解和评价的主观认知体现,是人们对于艺术、文化和社会的情感和态度的集合。审美价值观教育应该注重艺术类大学生的社会化培养。在教育过程中,需要构建一个涵盖社会、学校和家庭的共同参与的美育系统,将显性教育与隐性教育相结合,以提升青年审美价值观教育的实效性。审美价值观教育作为培养具有高度艺术修养和文化素养人才的重要环节,近年来在我国得到了更多的关注和重视。艺术类大学生审美价值观教育的现状涵盖了多个方面,从教育目标、教育内容到教育方法等都在不断演变和发展。

　　艺术类大学生审美价值观的教育目标逐渐趋向多元化和个性化发展。多元化的审美价值观教育旨在帮助艺术类大学生了解和欣赏不同文化、时代和风格的艺术。这有助于拓展他们的审美视野，培养跨文化的理解和尊重。艺术类大学生将有机会探索各种艺术形式，从绘画和雕塑到音乐和戏剧，从传统到现代，从西方到非洲或亚洲的艺术，都可以成为他们的学习对象。个性化的审美价值观教育鼓励艺术类大学生发展自己独特的审美观点和风格，在教育过程中，引导艺术类大学生积极探索他们内心的创造性驱动和兴趣，能够帮助他们在艺术领域找到自己的声音。多元化和个性化的审美价值观教育目标有助于培养更具创造力和包容性的艺术类大学生。这使他们能够更好地应对现代社会和文化的多样性，同时也激发了他们在艺术领域追求个性化发展的动力。这不仅有益于艺术类大学生个人，也丰富了整个艺术领域的多样性。

　　艺术类大学生审美价值观的教育内容日益丰富多彩。传统的教育内容主要围绕绘画、音乐、舞蹈、戏剧等艺术门类展开，但现在的艺术类大学生审美价值观教育已经开始涉及更广泛的领域，如数字艺术、新媒体艺术等。此外，跨学科的教育也逐渐受到重视，艺术与科学、艺术与技术的交叉融合为学生提供了更广阔的创作空间。教育方法也在不断创新与拓展。传统的审美价值观教育主要以课堂教学和经典案例分析为主，但现在已经引入了更多的实践性教学方法，如实地考察、艺术创作、互动式讨论等，以增强艺术类大学生的实际操作能力和团队合作能力。

　　综上所述，艺术类大学生审美价值观教育在我国正经历着积极的变革和发展。教育目标在传统美育的基础上也注重艺术类大学生创新意识和个性发展的引导；教育内容从单一的艺术门类扩展到多领域的交叉融合；教育方法从传统的课堂教学走向实践性教学和科技创新。尽管面临一些挑战，但我国的艺术类大学生审美价值观教育正朝着更加多元化、开放化和前沿化的方向不断迈进。

　　3. 关于艺术类大学生审美价值观培育面临挑战的研究

　　艺术类大学生的审美价值观培育是一个重要且复杂的课题，涉及文化、教育、社会等多个方面的因素。在全球化的社会背景下，艺术类大学生的审美价值观培育面临着诸多挑战，这些挑战不仅影响着他们个人的成长，也对整个社会的审美观念和文化传承产生着深远影响。

(1) 文化层面

从文化层面来看，全球化的潮流带来了不同文化的碰撞与融合，对艺术类大学生的审美价值观培育产生了深远影响。在当今信息爆炸的时代，艺术类大学生能够接触到来自世界各地的艺术风格、文化元素和审美观念，这为他们的创作提供了更加广阔的创造空间。然而，这种文化多样性也带来了审美多元性的挑战，使培养独特的审美价值观变得更为复杂。

在全球文化融合的背景下，不同地区的艺术风格相互交织，给艺术类大学生带来了融合与选择的挑战。尽管多元文化为他们的创作提供了丰富的灵感，但也可能导致他们在创作中感到迷茫，难以塑造独特的艺术语言。这种审美趋同可能导致作品失去独特性，使艺术类大学生在作品中失去了自己的声音。对于艺术类大学生来说，如何在这个多元汇聚的环境中找到自己的创作方向是一个挑战。他们需要不断探索和实验，以确立自己独特的艺术身份，而不仅仅是受到多元文化的影响。不同的价值观和不同审美的标准也可能带来困惑和价值冲突。当艺术类大学生受到不同文化的影响时，他们可能陷入价值观的冲突之中。如何在尊重不同文化的同时，坚持自身的主流价值观，成为一项具有挑战性的任务。这需要艺术类大学生具备开放的心态，愿意接受多元性，同时也要有坚定的信念，不受消极的价值观所影响。

(2) 教育层面

部分传统的艺术课程可能过分偏向技巧和技术，而忽视了审美情感的培养。高校教育往往注重艺术类大学生的技术培训，追求表面的技艺和外在的形式，却忽略了审美情感的深度培养。这导致了一些艺术类大学生在创作时过于关注艺术形象表现，却缺乏对艺术作品内在情感的表达和体验。因此，教育应该更加注重培养学生的情感体验和审美思考，使他们能够用更丰富的情感去感知和表达世界。

大量的课业压力和应试教育可能使艺术类大学生的创作受限。这种情况下，艺术类大学生可能会感到创作的自由受到限制，因为他们需要应付大量课程和考试，面临着繁重的学术要求和考试压力。这种压力可能导致艺术类大学生在创作中缺乏灵感和创造力，他们可能更倾向于追求应试所需的技巧和知识，而忽视了自由表达的重要性。创作应该是一个自由表达思想和情感的过程，但应试教育体系往往将艺术类大学生引向特定的目标和标准，可能会限制他们的创作空间。一些学校和教育机构已经认识到这个问题，努力为艺术类学生提供更多的自由和创作空间，以培养他们的创造性思维。

（3）社会层面

社会的审美趋势、消费主义和商业利益的倾向等，往往会对艺术类大学生的审美追求产生深刻的影响。社会审美趋势的影响是显而易见的。社会时尚、美学流行等因素的不断演变和改变，会影响艺术类大学生对于艺术和审美的认知。某种特定的艺术风格或主题可能在社会上流行，会导致一些艺术类大学生更倾向于追求与之相关的审美体验，而忽略了其他风格的价值。

消费主义和商业利益在一定程度上影响着艺术类大学生的审美价值观。广告、品牌推广和市场营销通常将审美与商品化紧密结合，迫使艺术类大学生将艺术与商业需求联系在一起。这可能导致他们更加倾向于追求商业成功，而忽略了艺术的本质和独立性。同时，一些艺术类大学生可能过于依赖赞助商或企业的资金支持，这也会增强他们将艺术与商业联系的趋势。不能忽视的是，艺术应该有其独立性和创造性。它是表达思想、情感和观点的重要手段，不应该仅仅受商业需求的支配。艺术类大学生应该努力培养自己的审美独立性，鼓励他们思考超越商业的艺术价值和社会意义。

社交媒体在审美过程中发挥了特别重要的作用。尽管这些平台为艺术类大学生提供了丰富的艺术和审美内容，但也带来了一定的问题。一方面，社交媒体上的审美标准通常是瞬息万变的，艺术类大学生可能会受到短期潮流的影响，导致审美价值观的不稳定性；另一方面，社交媒体的虚幻性使艺术类大学生过于关注外界评价和点赞数量，从而陷入对审美取向的怀疑，可能会导致创作受限或失去创新的勇气。

综上所述，艺术类大学生审美价值观培育面临着来自文化、教育和社会三个层面的挑战。新时代背景下，如何引导艺术类大学生树立积极、健康的审美价值观，如何在教育中注重创作动机和思考能力的培养，以及如何在社

第一章 绪　论

会中创造支持艺术创作的环境，都是需要认真思考和努力解决的问题。

1.1.2　国外研究现状

审美价值观是人们对于美的感知、评价以及欣赏的一种主观意识，它在文化、社会和个人层面都有着重要影响。国外对于审美教育的研究相对较早，从历史的维度看，审美教育的相关思想最早可以追溯到古希腊时期，近年来国外关于审美价值观的研究逐渐深入，涵盖了哲学、社会学、文化研究等领域。

在哲学领域，关于审美的本质，哲学家们提出了多种理论。从古希腊的柏拉图到现代的康德，哲学家们探讨了美的概念是如何与道德、真理联系在一起的。柏拉图认为，美源于先验的理念，理念是美本身。[①] 黑格尔提出，美是理念的感性显现。[②] 康德认为，美只涉及对象的形式，与对象的内容无关，只具有主观的、形式的合目的性。[③] 此外，象征主义、存在主义等思想流派也赋予审美以深刻的哲学意义，将其视为人类存在的一部分。审美价值观与人类思维、道德和文化之间的关系也备受研究者关注。审美价值观与道德价值观相互交织，美的体验可以激发人们的善意和同情心。

在社会学领域，社会学家研究了审美价值观在社会中的阶级、性别和种族维度上的体现。研究发现，社会背景往往会影响人们对美的理解和喜好。不同阶级、性别和种族群体之间存在着审美偏好的差异，这与他们的社会经验、价值观和身份认同密切相关。通过研究这些差异，社会学家可以更好地理解社会的多样性和不平等。社会媒体的兴起改变了审美价值观的传播和塑造方式。一些学者研究了社交媒体如何塑造和强化审美标准，以及它们如何影响个人和群体的审美偏好。[④] 社交媒体平台不仅让人们能够分享自己的审美观点，还在全球范围内传播了审美趋势，使得多样性的审美观点得以呈现。另外，社会学家还研究了审美价值观与身份认同的关系。审美选择在很大程度上可以反映出一个人的个性和群体认同。审美价值观被视为社会身份认同

---

① 娄永清. 哲学相对论[M]. 北京：人民出版社，2005：486.
② 黑格尔. 美学(第一卷)[M]. 朱光潜译，北京：商务印书馆，2019：142.
③ 李醒尘. 西方美学史教程[M]. 北京：人民出版社，2021：251.
④ 田甜. 社交媒体与女大学生的"理想美"建构研究[J]. 中国青年研究. 2023(06)：94-102.

的一种表达。个人的审美选择往往反映了其所属的群体和社会背景。例如，年轻人可能更容易接受新兴的审美趋势，而长者可能更加倾向于传统的审美观念。这种身份认同的表达通过审美价值观的共鸣在社会中传递着。这些研究有助于理解审美在个体认同和社会交往中的作用。

在文化领域，不同文化的审美观念常常受到历史、宗教、价值观等因素的影响。具有不同文化背景的人们，对于美的定义和评价存在差异。在东亚文化中，和谐、朴素和均衡被认为是审美价值观的重要特征。中国文化中的"中和"理念强调保持平衡并追求和谐，这在艺术、皇家建筑和花园设计中得到了广泛的体现。相比之下，西方文化更加强调个人独特性和创造力，追求个性化和突破传统的审美价值观。这种不同的审美观念在建筑、绘画和时尚等领域都有所体现。全球化背景下，不同文化之间的交流和互动更加频繁，推进了审美观念的交织和融合，也引发了对于本土文化保护和传统审美价值观的回归，人们开始重新审视本土文化的独特之处。

人工智能技术的发展为跨文化审美研究提供了新的途径。通过对大量数据的分析和学习，人工智能能够生成具有一定程度的审美判断和评价。通过机器学习算法训练的计算机模型可以分析不同文化中的艺术品、音乐和文学作品，揭示审美价值观的多样性和共性。这种技术的发展为研究者提供了一种新的视角，以更全面和客观的方式理解和比较不同文化的审美观念。人工智能艺术也带来了一系列伦理和社会问题。人工智能生成的艺术品引发了关于原创性和创作者权益的争议。人工智能可以生成大量作品，传统艺术家的作品可能被较少重视，且难以追踪作品的真实来源。人工智能还可能加剧版权和知识产权问题，挑战艺术品的所有权概念。总之，人工智能艺术带来的问题涉及伦理、社会、经济和文化领域，需要综合考虑和解决，以确保人工智能的应用不仅提供艺术创新，也没有损害人类社会的核心价值和权益。

1.2 新时代艺术类大学生审美价值观培育的现实意义

1.2.1 个体的成长与发展

随着我国经济的高速、稳定的增长，社会的发展对复合型人才有了更多的需求，即需要培养能够担当中华民族伟大复兴重任的时代新人、培养社会主义现代化的建设者与接班人。传统高校美育"重技能、轻人文"的教学形式已经暴露了一系列的问题，该种教育形式已经无法完全适应新时代的人才培育需要，呈现出教育与社会需要脱节的现象。艺术类大学生作为弘扬优秀文艺的主要群体，如何提升艺术类大学生的审美素养、人文素养，是新时代高校审美价值观教育的重要课题。审美价值观教育内含明确的美的意蕴、审美价值定位，作为"真"的科学性内容能够提升艺术类大学生的审美认知，作为"善"的价值导向能够引导艺术类大学生的审美价值取向。因此，审美价值观教育具有提升艺术类大学生审美素养与人文素养的现实意义。

审美素养的提升，首先需要艺术类大学生具备敏感而独特的感知能力。通过审美价值观教育引导，他们能够学会更细致地观察、感知艺术作品中的细微之处，捕捉到作品所蕴含的情感和意义。例如，在绘画作品中，他们能够领会画家的用色技巧、构图布局和情感表达，从而更深刻地理解作品所传递的信息。这种感知能力的培养不仅提升了他们的审美欣赏水平，也能够在创作中更加精准地表达自己的情感和理念。在审美价值观教育中，优秀的艺术作品是引导艺术类大学生审美价值观的重要媒介。艺术作品往往涵盖丰富的内涵和情感，通过对作品的深入分析和评价，艺术类大学生能够更好地理解作品所传达的意义。在审美价值观教育的引导下，他们能够学会用批判性思维去分析作品的构成要素、表现手法、主题内容等，从而更准确地评价作品的优缺点。这种能力的提升不仅能够帮助他们更好地欣赏和创作艺术作品，也有助于培养他们的独立思考和判断能力。

在传统审美教育过程中，艺术类大学生专注于艺术技能学习，文化活动也多集中于艺术实践，对于法律、历史、哲学等理论知识涉猎较少。审美价值观教育能够拓展艺术类大学生的文化视野。艺术作为文化的表达形式，常常承载着特定的历史、价值观和社会背景。通过审美价值观教育，艺术类大学生能够更深入地了解不同文化传统和历史背景，从而在艺术作品中更好地体现出文化的独特性。例如，在学习古典音乐时，他们不仅能够欣赏音乐本身的美，还能够理解作曲家的创作意图以及音乐作品所反映的历史文化背景。这种文化视野的拓展不仅丰富了艺术类大学生的知识体系，也使他们能够更好地在跨文化背景下进行创作和交流。

审美价值观教育在塑造艺术类大学生健全人格和积极心态方面具有重要作用。在当今社会，压力和焦虑等负面情绪普遍存在，而艺术类大学生作为情感表达的主体，培养健全人格和积极心态显得十分重要。审美价值观教育能够引导他们通过艺术的表达和欣赏，培养积极情感，塑造坚强的内心和积极的生活态度。在创作和表达过程中，他们会面临来自内部和外部的评价和批评，容易受到情绪波动的影响。通过审美价值观的培养，他们能够更好地理解作品的独特之处，坚信自己的创作有其独特的价值。在欣赏他人的作品时，他们也能够欣赏到不同风格和思想魅力，避免过分自我陶醉或自卑。这种自信和自尊不仅有助于他们在艺术领域更好地表达自己，也能够在生活中保持积极的态度。

人之所以区别于动物，在于我们能够把握事物的各种尺度，并且可以根据内在尺度进行自由创造。审美是复杂而多元的体系，是感性与理性的辩证统一。情感是影响个人审美的重要因素，不同审美形式的艺术作品是作者与读者之间情感交流的媒介。人具有共情能力，从艺术欣赏中所获得的愉悦感具有普遍性，这种愉悦感的普遍传达是基于"共通感"的前提假定，也就是人们经常说的"人同此心，心同此理"。所以，当我们面对客观对象显现的形象产生一些感觉时，其虽然是个人的、感性的、多变的、主观的，但仍然可以假设其他人面对同一对象也会形成类似的感觉。德国哲学家康德将这种同一对象所产生的类似感觉的共享性称作普遍的可传达性。人与人之间之所以会产生"情感共鸣"就是因为这种普遍传达性。

通过审美价值观的培养，艺术类大学生能够更好地理解作品背后的情感，与他人产生情感共鸣。这种情感共鸣不仅丰富了他们的情感体验，也能够促进他们与他人的交流和沟通。在艺术作品的启发下，他们能够更好地与他人分享情感，增进人际关系。审美价值观培养注重启发个体的创造力和独立思考能力。通过对艺术作品的分析和评价，艺术类大学生能够学会独立思考、提高发现问题、解决问题的能力。这种创新思维不仅在艺术创作中体现，也能够在日常生活中应用，帮助他们更好地面对各种挑战和机遇。审美价值观教育也能够引导艺术类大学生从美的角度去欣赏世界，培养积极的生活态度。这种积极的生活态度不仅有助于他们更好地享受生活，也能够影响周围的人。

1.2.2 推动构建和谐社会

艺术类大学生的审美价值观教育不仅影响个体的成长与发展，也对构建和谐社会具有积极的推进作用。通过审美价值观的培养，艺术类大学生不仅能够更好地体验审美情感，也能够将自己的情感通过艺术形式传达给大众。以艺术作品为媒介，艺术类大学生建立了与其他人之间的情感纽带。基于这种情感的沟通，促进了人际关系的和谐。例如，一首抒情诗歌、一幅感人的油画、一段动人的音乐，都能够通过情感共鸣将作者的情感与人们的情感紧密联系在一起，进而增进彼此之间的情感理解和交流。这种情感共鸣不仅在个体之间产生，更能够在整个社会范围内引发共鸣，从而促进人与人之间的情感联系，构建更加融洽和谐的社会关系。

审美价值观教育强调艺术作品的深层含义，能使艺术类大学生认识到每幅作品所蕴含的情感。这种情感羁绊可以促使艺术类大学生积极参与公益和志愿活动，激发他们对社会问题的关注，关注弱势群体，关注社会问题，进而能够培养艺术类大学生的社会责任感。艺术类大学生逐渐意识到，自己作为艺术创作者，有责任通过艺术的力量去关注和反思社会问题。在赏析艺术作品的过程中，审美价值观教育强调审美体验的深度与广度，能引导艺术类大学生从作品中寻找社会问题的线索和根源。他们不仅仅停留在艺术表面的美感，更能够深入挖掘作品背后所反映的社会问题。例如，一幅以环保为题材的绘画作品可能唤起他们对于环境保护的思考，激发他们创作更多关于环保的艺术作品，传递出环保意识的重要性。因此，通过审美价值观教育，艺术类大学生能够更加敏锐地捕捉社会问题，用艺术的表达方式传递自己的关切和呼声。

通过审美价值观的培养，艺术类大学生能够通过艺术作品传递积极的价值观念，弘扬正能量，以艺术引导社会的价值取向。在当代社会，人们面临着种种挑战和压力，社会的价值观也因此受到影响。艺术类大学生作为文艺的创造者和传承者，他们的作品和思想在一定程度上影响着社会的价值取向。通过审美价值观教育，他们能够深刻地意识到艺术在引导社会价值观方面的重要作用。一幅反映人道主义精神的绘画作品，能够通过画面的表现力和情感的渗透，唤起人们对人道主义价值的追求，从而引发关于关爱他人、帮助弱者的思考和讨论。这种价值观传递不仅能够引导人们关注社会问题，更能够激发人们积极的行动起来，为社会的和谐与进步做出贡献。

审美价值观教育对于提升艺术类大学生的跨文化理解能力至关重要。艺术作为一种普遍的、全球性的语言，具有独特的潜力，能够超越文化的边界，促进不同文化之间的沟通和交流。通过审美价值观教育，艺术类大学生得以深入探索各种不同文化的艺术表达形式。他们学习欣赏和创作不同背景和传统的艺术作品，有助于拓宽他们的文化视野，增进对不同文化的尊重和理解。这种跨文化的观念鼓励学生超越自己的文化框架，主动去了解和体验其他文化，从而减少文化冲突和误解的可能性。

1.2.3 文化的传承与弘扬

艺术作为一种独特的文化表达形式，承载着人类历史、情感和思想的痕迹，它的传承不仅是对过去的尊重，更是未来文化发展的重要基石。随着社会的发展，中华优秀传统文化面临被边缘化的风险。中华优秀传统文化承载着民族和地域的独特精神，是一种不可替代的财富。在审美价值观教育过程中，通过深入学习传统绘画、音乐、舞蹈等艺术形式，艺术类大学生能够理解古人的审美观念、创作意图以及作品背后的文化内涵。这种了解能够帮助他们在创作中传承传统元素，将古老的文化传统融入现代的艺术作品中。

审美价值观教育要求艺术类大学生深入了解中华优秀传统文化的历史、思想、艺术表达等。在教育过程中，注重艺术类大学生的理论学习，为他们提供传统文化的历史和背景知识，能够帮助他们理解文化形成的历史脉络和背景条件。在课堂上，教师可以通过讲解古代文化典籍、名人轶事、艺术创作背后的文化背景等方式，帮助艺术类大学生建立对中华优秀传统文化的认知基础。例如，通过解读《论语》中的经典语录，让艺术类大学生理解其中蕴含的儒家思想，以及这些思想如何影响了古代社会和现代社会。

学习中华优秀传统文化对于培养艺术类大学生的文化自信具有重要意义。作为一个历史悠久、博大精深的国家，中国拥有着丰富多彩的传统文化遗产，诗词、书法、绘画、音乐、戏曲等，这些都是中国文化的瑰宝，也是艺术创作的源泉。而要想在艺术领域脱颖而出，不仅需要扎实的技艺，更需要对中华优秀传统文化的深刻理解与认同。审美价值观教育在这一点上发挥着重要作用。通过让艺术类大学生深入了解中华优秀传统文化，能够帮助他们认识到我国文化的独特之处，从而培养出对本土文化的自信和认同感。这种自信和认同感不仅是对自身价值的认可，更是对中华优秀传统文化的珍视，对优秀传统文化传承的一种承担。在艺术创作中，艺术类大学生能够更加自信地融入中华优秀传统文化元素，将传统与创新相结合，创作出富有内涵和创意的作品。

文化自信是对本国文化价值的坚定信仰，也是在国际文化交流中实现文化融合与创新的关键。国际文化交流不仅是信息的传递，更是各国文化的碰撞与交融。而拥有坚定的文化自信，能够为国际文化交流注入更多的独特魅力与创意，实现文化的融合与创新。通过对中华优秀传统文化的重新诠释与创新，可以创造出符合当代社会需求的新文化产品。文化自信还能够加强国际文化交流的双向性与平等性。这种平等的交流方式能够促使各国在交流中相互尊重、平等对待，真正实现文化的双向交流与互鉴。在艺术交流中不仅能够传播自己的文化，更能够积极吸收他国文化的优点，进行有益的借鉴与融合。这种融合能够使各国文化在保持独特性的同时，产生更多的新鲜感与创意，推动文化的进步与发展。

1.3 新时代艺术类大学生审美价值观的相关概念阐述

1.3.1 美与审美

哲学家、社会学家、历史学家、艺术家对于"美"与"审美"的研究持续了几千年，至今都没有明确的定论。就像"时间"究竟是什么这个问题一样，我们现在研究"美"这个似乎易懂的字为何如此难以理解。一朵花是红色的，大家是同意的(除色盲患者以外)，因为这共同性是光学分析出来的，而一朵花是否美丽，则可能持有不同的意见。这样的差异是什么原因造成的呢？美与红不同，红是客观事实，是自然现象，是事物的客观属性，而美是客观与主观的统一，一部分来源于客观存在，另一部分则来自主观的审视，这也是"美"问题的难点所在。研究这一问题的学者往往陷入片面的研究，忽视了其他方面的重要性。

部分研究者认为美是客体的某种固有属性，强调美的客观性，而忽视主体的作用。例如，毕达哥拉斯从事物的自然形式去研究美的本质，认为"数是万物的本源"；①柏拉图所谓的美，就是指任何一类事物的共相中最基本的骨架或结构，或者说是指一类事物在形式上最纯粹、最抽象、不能再精简的那一部分形式要素②；等等。在探讨"美"的属性时，不同学者持有不同的观点，客观存在的固有属性与美的关系不可否认。需要明确的是，尽管这些条件本身可能具备美的特质，但并不意味着它们本身就是美，因为并非所有人都会在具备这些条件的事物上感受到美的存在。人的主观审视是"美"的一个重要元素，所以在研究"美"的内涵时，我们不能仅仅关注于客观属性，还需要着重考虑人的需求，需求得到满足，"美"才有价值、有意义。客观对象因其固有属性能够满足人类的需求而具有价值，"真"是基于科学与哲学的研究所明确的价值，"善"是从伦理学、经济学等领域明确的价值，艺术家与美学家往往因为找不到专属"美"的价值，将"真""善"与"美"混为一谈。

艺术作品的"真"与科学的"真"大相径庭，在艺术作品的虚构世界中，如果一切设计合情合理，整体呈现统一的特征，则观赏者不会感觉到虚假，这就是艺术的"真"，也是"诗的真理"。而在科学领域，"真"指的是将客观事物整体分模成互相联系的区域，分析各区域的特征功能，并找寻不同事物的内在规律。把握该规律就等于把握了真理，科学的真理注重规律性。与科学真理不同，艺术的"真"通俗来讲是关于事物如何发展到现状的，强调发展过程。我们首先能够肯定的是艺术的"真"具有普遍性与必然性，但是艺术的"真"不等同科学真理性。艺术的"真"可以是虚构的假然判断，但必须是合乎逻辑的。这也是为什么唯心主义哲学家们容易走入歧途的原因。例如，黑格尔将"绝对理念"作为美的本质，认为美具有科学真理般的规律，并且将与这种观点不符的感性经验排除在研究范围之外。

"美"与"善"互相关联，但不能相混。这一关系在我们对世界的感知和价值观的构建中持续地显现出来。"美"作为人类情感的一部分，是一种超越实际需求的审美体验，源自我们对事物的感知。我们赏识美，不仅是因为它能

---

① 高秉江. 西方知识论的超越之路——从毕达哥拉斯到胡塞尔[M]. 北京：人民出版社，2012：36.

② 叶知秋. 无美之学——西方美的本质学说批判[M]. 北京：人民出版社，2004：34.

第一章 绪 论

够引起我们的感官愉悦，更是因为它触动了内心深处的情感和灵魂。"美"在某种程度上是人类精神的映射，是人们对于精神富足的追求。因此，它与内在的"善"密切相关。然而，"善"的概念不仅局限于个体的满足，它延伸至人生的意义和社会的和谐。"善"与"美"的交织也源于它们在人类文化和艺术中的共同表现。许多文化和艺术作品将"美"与"善"紧密结合，通过"美"的表达来传递"善"的理念。艺术作品中的"美"，往往是一种符号，它代表着人们对善的追求和表达。一幅充满和谐的画作、一段优美的音乐，往往能够引发人们对"善"的思考和感受。尽管"美"与"善"有着深刻的关联，但它们并非可以互相替代。"善"具有实用性，将实用性作为"美"的唯一原则，忽略了"美"的精神内涵，可能导致对文化和艺术的片面理解。

康德的美学理论之所以在哲学史、美学史占据崇高的地位，主要是因为其理论兼顾到"美"的客观性与主观性方面。他认为凡是那没有概念而普遍令人喜欢的东西就是美的，即"美"是主观的，凭借感觉而不假借概念的；同时也不完全是主观的，具有普遍性与必然性。然而，康德在对"心与物"的关系进行研究时逐渐偏离了初衷。将感官的美视为是"纯粹美"，而涉及实用联想的则是"依赖美"，因此将绘画、建筑等艺术抛弃在纯粹美以外。朱光潜在《文艺心理学》第十章"什么叫做美"中对"美"做出界定，称："美不仅在物，亦不仅在心，它在心与物的关系上面。但这种关系并不如康德和一般人所想象的，在物为刺激，在心为感受，它是心借物的形象来表现情趣。世间并没有天生自在俯拾即是的美，凡是美都要经过心灵的创造。"创造是寄情趣于意象，欣赏是因意象见情趣，在创造与欣赏之间的快感即是"美"。自然无所谓美与不美，自然之所以美，是因为人在观赏自然时进行了意义创造、情趣赋予。综上可看出，在美感经验中，见出意象或形象是创造，意象表现情趣是表征，见出意象恰好表现出情趣，就是审美。

审美是人类特有的一种情感活动，但审美意识并非人与生俱来的，而是在现实的人的不断发展过程中逐渐演变而成。人与现实生活之间的第一个关系是实用关系，即物质需求关系，而审美关系则建立在物质需求的基础之上。人与现实的审美关系，需要客观对象与作为审美主体的人，即主客体的有机统一，两者缺一不可。作为审美对象的客体与具有审美能力的主体都是劳动和历史的产物，审美是人本质力量的复归。因此，正确认识"审美"在精神文明建设中的地位与作用，提升艺术类大学生正确的审美能力，对于社会稳定发展具有不可或缺的重要意义。

审美与艺术的形成与人类社会实践劳动分不开，劳动创造了审美客体，也创造了审美主体。劳动在社会交往过程中，受心理与生理的驱使，是感性与理性的有机统一。从马克思主义的视角来看，"美"是现实的人在生产实践的基础上对客观事物所属价值的评价，即"美"是"劳动"的作品。从考古学的角度来看，人类的审美意识起源于原始社会的后期阶段，而原始社会的早期阶段主要还是从实用价值的角度认识物体。经济基础决定上层建筑，当人们忙于解决自身的生存问题时，很少谈论美的问题。随着人类劳动实践水平的不断发展，物质需求的满足催生了更高层次的审美需求。随着人的实践不断演进，人的感官体验与思维也在不断地塑造和改变，这构成了审美认知的基础。正是通过劳动和实践，人们逐渐认识到美不仅是物质的外在表现，更是内在情感和文化的折射。

劳动的发展推动着自然的人化，旨在提升人对自然的适应能力。审美活动是人在人化的自然中直观自身，这实质上是人本质的对象化。人通过实践活动创造了物质文明，同时也创造了人的内在本质。人的心理结构包括认知、意志、情感等，诸多要素相互联系、相互作用。认知以服从外部规律为前提，传递科学知识，把握客观世界的科学规律，能够培养人的思维，使主体能够学会按照规律办事。意志则是对人类自然本性的合理约束，推进社会生活的规范化，来维持正常的生产和生活。人类的情感审美活动，介于认识活动和实践活动之间，它能沟通认识和实践，具有解放的、自由的本质，使人感到生命的价值。认知与意志带有明确的目的性、实用性，而审美突破了狭隘的功利束缚，具有无目的的合目的性。

在当前社会中，只有在自由的状态下，才能冲破世俗的束缚，充分地发挥人的主体性，从而使人成为真正的审美主体。马克思强调，自由就是从事一切对别人没有害处的活动的权利。在人类改造自然的实践过程中，"自由"意味着"社会化的人，联合起来的生产者，将合理地调节他们和自然界之间的物质交换，把它置于他们的共同控制之下，而不让它作为盲目的力量来统治

第一章 绪 论

自己；靠消耗最小的力量，在最无愧于和最适合于他们的人类本性的条件下进行这种物质交换"。正是在这个自由的环境中，人们能够更自由地去感受美、创造美和表达美。审美的自由性不仅体现在个体的审美选择上，还在于创作者在表达时能够更加坦诚地表达自己的情感、思想和观点。这种自由让审美不再是僵化的标准，而是一个充满活力的个人和集体的创造过程。然而，审美的自由性也需要在一定的界限内得到平衡。

在这个平衡中，个体的审美自由不应该被压制，而是应该在尊重他人权利的前提下实现。过度的自由可能导致一些不负责任的行为，甚至可能冲击社会的道德和法律底线。因此，社会仍然需要建立起一套共同的价值观和规范，以确保个体的审美行为能够在整个社会体系中协调和谐地运作。每个时代都有不同的审美观念与标准，社会可以通过审美价值观教育来引导和培养人们对多样化审美的理解。通过审美活动的引导可以帮助人们更好地理解彼此的审美选择，减少误解和冲突，并在多元的审美表达中找到共同的纽带。通过在审美自由与社会责任之间找到平衡，我们可以创造一个更加包容和谐的社会环境。在这样的环境中，个体的审美表达既能得到尊重，又能与整个社会的价值体系相协调。这种平衡为文化的繁荣与进步贡献力量，使每个人都能在丰富多彩的审美世界中找到归属感。

审美是以现实的人为核心的，以人与对象的关系为起点，其目标也是为了营造更好的人的世界，包括人的物质世界及精神世界。在积极的审美引导下，人们开始探寻意义和价值，寻找内在的情感共鸣。审美的过程就是认知和情感的交融过程，通过感知美的事物，人们不仅能够理解外部世界，还能够更好地认识自己的内心世界。这种内外的交汇促使人们追求真理和自由，因为审美使人们更加敏锐地察觉到生命的意义。审美活动的力量在于它引导人们超越客体表面，深入思考人生、自由和意义。通过欣赏美的艺术作品、自然景观或人类创造的事物，人们内心能够感受到喜悦。这种喜悦不仅仅源于外在的美，更是源于对人性和生命深层次的理解。因此，审美活动不仅仅是一种消遣或感官享受，它是通向自由的桥梁，是引导人们超越局限，追求真理和意义的途径。通过审美，人们在内心找到了连接外部世界和内心深处的桥梁，从而创造出更加丰富、有意义的人的世界。

人无时无刻不在审美，例如，这朵花真美，这个食物真美味；等等。人们以自身的审美价值观来判断什么是"美"，审美价值观的引导对于人的全面发展具有重要意义。在审美活动中，审美价值观为自由提供了一种思想和情感的空间。审美价值观是人类内心世界的表达，它涵盖了对美的欣赏、认知和创造。而自由作为一种价值观念，强调个体的自主权利和表达自我的权利。审美价值观的形成和发展需要一个开放自由的环境，使个体能够自由地表达、欣赏和创造美。在这种自由的氛围中，人们可以根据自己的兴趣和内心的感受来选择艺术、文化、创作等领域，从而形成多样性的审美观。

1.3.2 价值观与审美价值观

想要进一步把握审美价值观的内涵，就要进一步地探究价值、审美价值和价值观的理论及它们之间的关联。从基础理论层面来看，价值最早可以追溯到远古时代，它用于表明人与世界之间的特殊关系，并用于评定某个对象在与人类的关联中所具有的意义。汉语的价值一词与英语"value"，德语"wert"，俄语"ценность"，法语"valuer"相对应。马克思对"价值"的概念还作过如下界定："价值这个普遍的概念是从人们对满足他们需要的外界物的关系中产生的。"

从历史的角度来看，不同历史时期的人们对价值的理解在政治、伦理、经济和审美等领域都有不同的定义。这种差异取决于哲学基本问题的解决，其中最首要的是思维与存在之间的关系。在中世纪的"神学"中，最高价值即为"上帝"。而文艺复兴时期，艺术的发展达到新的顶峰，崇高的价值包括人的自由、公平、理性等。综上所述，可以看出上升到哲学范畴的价值得到了各种流派的不同诠释。新康德主义与现象学认为价值的科学与任何关于存在的科学都对立，因此，对价值做出了唯心主义解释。现代唯心主义则愿意将美与艺术归属到价值的范畴之内，以便为审美的唯心解释提供依据。然而，以上理解都是对价值含义的片面把握，并未真正理解价值的全面意义。

马克思主义对于价值的唯心主义批判并非完全抛弃了原有的价值理论，而是试图对其作出唯物主义解释。价值产生于主客的关系之中，然而，价值的特征主要由审美主体决定，而非客体决定。例如，水能够滋养农作物的生长，火能为人类提供温暖等，对人民生活是有利的。但水火也会对人们产生不利的影响，如洪水、火灾；等等，对人民生活是有害的。水与火的固有属性是客观存在的，不以人的意愿而改变，水火的利与害归根结底取决于人们如何与水火发生关系。基于这一观点，便产生了价值的主体性与主观性的争论。

"价值主观论"否定了价值的客观性与科学性，使得价值问题被排除在科学范畴以外。从马克思主义的立场出发，区分价值的主体性与主观性比较容易。主观性专指主体的精神特质，包括个人的意识、情感等内在因素。主体性则指人作为主客体关系中的行为者，是一个更加广泛的概念，涵盖了人作为社会群体的一员与外界相互作用的复杂关系。这里的"人"指的是"现实的人"，所谓的现实的人就是处于特定的时代背景之下，处于和谐的社会关系之中，能够自由的劳动生产，用以满足自身需求的人的统称，是类的存在物。

价值关系是主体和客体之间的意义关系，某事、某物对人有意义，也就是某事、某物对人有价值，意义的大小也就是价值的大小。当客体的固有属性能够满足主体的需求或能够达到某种效用，使主体能够感到有意义，因此，客体因为主体才具有某种价值。价值是一种意义，存在于主客体交流对话的关系之中。现阶段，虽然我国大部分研究者对于价值的定义和概念意见不同，但一致地认为价值属于主客关系的范畴。因此，我们可以认为价值是对象对于人有用、有益、有意义的关系状态。在审美主体与客观对象的价值关系中，人作为主体是理性与感性的统一，客体属性是对象的形象显现。审美活动产生于主体和客体之间的和谐关系，审美价值则在这种和谐的主客关系中产生。

在以往的美学研究中，采用过社会学、心理学、认识论、符号学等研究态度。它们在研究美的某些方面具有一定意义，但其中的唯心主义倾向最终导致了美的庸俗化。从马克思主义的视角研究价值问题，能够对价值的各种唯心主义与资产阶级反动的解释进行论据充足的批判。马克思主义以价值论的方法研究美学，其基础建立在辩证唯物主义基础之上，必然不会导致审美的唯心主义趋势。艺术形式千姿百态、错综复杂，以价值说态度研究审美是必要的，但并非全部。只有将各种态度相结合，才能真正把握审美的本质。不仅审美关系是价值关系，道德、功利实践等也都属于价值范畴。因此，审美价值是价值体系的一部分，以价值说态度研究审美，不仅能够区分审美属性与其他属性，同时也能够确定审美价值与价值体系中其他价值的关联。

价值观通俗地来讲是指人对价值的总观点、总看法，是人们基于利益和需求，在主体长期的价值活动中逐渐形成的对主客体价值关系的稳定的观念模式。审美价值观作为价值观的一部分，生成于主客统一的审美关系之中，是人以审美的态度认识事物所表现出来的价值标准、价值取向与价值意识。人的审美并非客观世界简单的"镜像倒影"，而是遵循着自身审美价值观去认识、去阐释、去想象、去行为。价值观不仅在个体层面存在着深远影响，也在社会和文化层面扮演着重要角色。每个人的价值观受到个人经历、文化背景、社会环境等多种因素的影响，从而形成了独特的认知框架。这些认知框架指引着人们的行为、决策和与他人互动的方式。

审美价值观作为人审视客观对象的一种标准，也是人类社会劳动实践的产物。审美价值观的形成与现实中人的物质活动、社会生活密切相关。因此，审美价值观具有客观性，而不仅仅依赖于人的意志或主体性而存在。审美价值观的客观性并不意味着它是固定不变的。随着社会的不断变迁，人们的审美观念也在不断演变。科技的进步和文化的交流等，会使得人们对美的认知也越发丰富。例如，在过去，人们可能更加崇尚自然景观的原始与壮美，而现代社会中，对于科技与未来的想象也成为审美价值观的一部分。另外，随着女性权益和多元性别观念的崛起，对美的定义也变得更加包容和多样化，超越了传统的刻板印象。审美价值观可以被视为一个动态的发展过程，审美活动的不断发展决定了审美价值的流动趋向与状态，审美价值观的形成必然会根据"美的规律"来构建。

在当今社会，价值观的多样性和差异性变得愈发明显。不同文化之间的观念差异，特别是全球化时代的到来，使得不同价值观之间的碰撞和交流成为常态。这不仅促进了人们对于多元文化的尊重和理解，同时也引发了一些讨论。例如，关于价值相对性和"普世价值"的探讨。在这个背景下，审美价值观作为一个子领域，更是呈现出了丰富的层面。审美价值观的形成并非孤立于社会环境和文化传承。从古至今，人们对美的理解一直在不断演变，每个时代都有其独特的审美标准和趋势。这种变化不仅反映了社会的进步，也反映了人们对于自身与环境的关系的重新审视。

第一章 绪 论

在艺术创作中，审美价值观是艺术创作者的精神指南。艺术创作者通过个人的审美体验和价值观来选择题材、表现手法以及艺术形式。他们可以尝试用自己独特的视角去观察和表达世界，从而创造出具有深度和情感共鸣的作品。审美观念的独特性赋予了艺术作品独特的生命力，使其能够引发人们的共鸣。从设计的视角来看，设计师在为产品、环境、媒体等进行设计时，会考虑如何通过审美元素的组合来实现美感的传达。审美价值观影响着设计师的创作思路，使其能够创造出与众不同的、具有美感的作品。设计不仅仅是功能性的，更是在审美的引导下呈现出的艺术性。

对于艺术类大学生而言，审美价值观是其主要的价值意识形态，能够作为审美价值的评判标准。审美价值观不仅是个人情感的宣泄，更是思想的表达和社会的反思。通过深入理解和培养个人的审美价值观，艺术类大学生能够在不断变化的艺术环境中保持独特性和创新性，为社会带来更多美的享受和思想的启发。个体的审美观念和品位往往是在不同环境和社会影响下逐步形成的，外界环境在个体的成长过程中扮演着重要角色。因此，为培养艺术类大学生树立积极的审美价值观，需要考虑到家庭、学校、网络和社会环境等多元因素的影响。

首先，家庭教育对孩子的成长起着至关重要的作用，父母是孩子的第一任老师，他们的价值观往往深受原生家庭的影响，良好的父母教育以及和谐家庭的氛围，对于塑造积极的审美价值观至关重要。他们的情感态度和艺术鉴赏能力会直接影响孩子对美的认知和理解。在艺术类大学生幼年时期，家庭可以为他们创造丰富多彩的艺术体验，如参观美术馆、听音乐会、阅读文学作品等，从而培养他们对不同艺术形式的兴趣和敏感性。家长的鉴赏力和对艺术的热爱会在孩子心中树立起良好的审美基础，使其在成长过程中逐渐形成深刻的审美价值观。在家庭中，鼓励孩子自由表达、思考和创造的氛围可以促使他们更好地发展艺术才华。父母的支持和鼓励也可以激发孩子追求艺术梦想的勇气，使他们在审美创作中敢于探索新领域、挑战传统，从而形成独特的审美风格。

家庭还是文化传承的重要渠道，通过家庭教育，艺术类大学生可以接触到不同的文化背景和艺术传统。家庭的价值观、文化传统和艺术欣赏方式会在一定程度上影响孩子的审美品位。通过了解家庭文化，艺术类大学生可以更好地把握自己的创作方向和审美取向，将个人的创作与家族文化相融合，创造出更具独特性和深度的艺术作品。此外，家庭教育还有助于培养艺术类大学生的社会责任感和人文情怀。可以通过传递正能量、关心社会问题等方式，引导孩子将自己的艺术才华用于社会发展和文化传承。家长的榜样作用可以使孩子认识到艺术不仅仅是个人情感的宣泄，更是一种对社会关切和人类命运的表达。在这种家庭环境的熏陶下，艺术类大学生可以更加深入地思考作品背后所蕴含的社会问题和人类情感，创作出更具有深度和温度的作品。家庭是审美价值观的初步塑造者，但是随着年龄的增长和独立意识的觉醒，个人对审美的理解也会逐渐深化和拓展。因此，为培养艺术类大学生正确的审美价值观需要家庭的引领，家庭应该与高校形成教育合力，潜移默化地引导艺术类大学生的审美价值观。

其次，高校教育阶段是艺术类大学生价值观形成的关键时期，刚进入高校的艺术类大学生审美能力尚未成熟，其智力和体力还在快速的发展阶段，面对艺术类大学生的价值观问题，高校教育需要完善审美教育体系，针对艺术类大学生的审美特征，给予正确的价值观引导。在学校，艺术类大学生能够受到系统的审美教育和培训。这些教育不仅仅局限于技术的传授，更关注培养学生的审美意识和创造力。艺术类大学生在高校接受的教育将直接影响他们未来的创作方向和审美取向。因此，高校教育应当在传授专业知识的同时，注重培养学生的审美情趣。例如，可以通过开设艺术史课程，让学生了解不同时期、不同流派的艺术风格，从而拓展他们的审美视野，培养他们对多样性的认识和尊重。艺术是极其自由的领域，长期从事艺术创作的艺术类大学生必然受到艺术的熏陶，具有鲜明且强烈的个性，即追求自由，想要摆脱不必要的束缚，求新求异。因此，在审美价值观的教育过程中，为提升教学的实效性，必须要关照艺术类大学生的人格特性，做到因材施教，这也对教师的综合素养提出了新要求。

学生对于老师抱有天然的敬畏之情，教师在学生学习过程中能够发挥不可或缺的重要作用。在审美价值观教育的框架下，培养艺术类大学生良好的审美价值观不仅仅是知识传授，更是一项深刻而复杂的任务。高校艺术类大学生作为文化的传承者，其审美观念和价值观的形成与发展不仅影响着他们个人的创作风格，还将深刻地影响着整个社会的审美趋向和文化氛围。因此，高校教师在引导学生树立健康的审美价值观方面担负着重要使命。高校教师应该深刻理解艺术的本质和价值。艺术不仅仅是一种表现形式，更是一种情感的宣泄、思想的表达和社会现象的反映。教师需要通过丰富的专业知识和广泛的文化素养，引导艺术类大学生从更深的层次去理解艺术作品，挖掘其中蕴含的情感和思想内涵。通过对经典艺术作品的分析和解读，可以逐渐培养出学生对于审美的独立见解和深刻思考的能力。

再次，从网络的层面来看，数字化网络技术的快速发展推动了媒体传播方式的变革，为大众的生活带来了诸多便利。以网络为基础构建的虚拟平台，可以使不同国家的人能够随时随地地互动，开展文化交流。多元文化的交融一方面推动了文明的进步，同时也在悄然塑造着人们的思想观念。如今，网络在社会中扮演着不可或缺的角色，对各个领域产生着深远的影响，其中对艺术类大学生的审美价值观也产生了显著而复杂的影响。数字化网络科技的发展引起了教育界的巨大变革，对我国高校教育工作产生了深刻影响，将新技术应用于高校教育也成为近几年的热门话题。

我们期望摆脱传统的口耳相传的沟通方式，在教学过程中不断探索新技术与教学相结合的可能性，以增强教学实效。对于艺术类大学生来说，信息获取方式的变革固然能够帮助其开阔视野、提升创新能力。网络为艺术类大学生提供了广阔的视野和信息资源。艺术作品、创意灵感、不同流派的表现方式等，通过网络平台可以迅速传播到世界各地，使艺术类大学生有机会接触到来自不同文化背景、不同艺术领域的作品。同时，网络为艺术类大学生提供了创作和表达的平台。通过社交媒体、个人博客、在线艺术展览等，艺术类大学生可以展示自己的作品和创意，与广大群众们互动交流。这种互动不仅能够增强艺术类大学生的自信心，还能够从人们的反馈中获取灵感和启发，进一步丰富和深化他们的审美价值观。但是，网络是一把双刃剑，艺术类大学生的审美价值观尚未成熟，虽然自媒体的兴起为艺术类大学生提供了获取信息的新途径，但网络信息的"爆炸式"增长不断冲击着他们的审美感知，可能会导致审美主体在网络世界中迷失。

在当前阶段，我国高校已经逐渐意识到了媒介对于艺术类大学生素养形成的双重影响，需要合理利用互联网技术对艺术类大学生进行审美价值观教育。网络以其广泛的传播渠道、丰富多彩的内容形式以及即时互动的特点，为艺术类大学生的审美体验和价值观形成带来了新的机遇和挑战。网络上的信息过于碎片化和冗杂，容易让他们陷入浅尝辄止的状态，影响他们深入思考和理解艺术作品的能力。网络媒体上存在大量的虚假信息和低质量内容，可能误导艺术类大学生对艺术的理解和评价。伴随着文化的交流，西方消极的社会思潮也随之融入，例如，资本主义逻辑、历史虚无主义等。这些思潮阻碍着艺术类大学生积极的审美价值观的形成。因此，面对互联网所带来的负面影响，必须予以重视，需要进一步探索培养积极、健康的审美价值观的现实途径。

最后，艺术类大学生审美价值观的形成与他们的实践活动密不可分。这种价值观不仅受个体内心的因素影响，还受外界社会环境的影响。不同时期的审美观念存在差异，研究艺术类大学生的审美价值观教育必须结合当下的时代背景和社会条件，分析他们的审美思想、观念以及意识。除了家庭、学校、网络的影响，社会的整体环境也在形塑艺术类大学生的审美价值观方面发挥着深远作用。虽然在高等教育阶段，艺术类大学生与社会的互动有限，社会实践的机会相对较少。但是对于创作出优秀的艺术作品来说，深植于人民的现实生活、为人民而创作是至关重要的。这也清晰地强调了社会环境对艺术类大学生发展的重要性。无论是处于哪种社会环境中，都会直接或间接地影响青少年审美价值观的形成。因此，在培养艺术类大学生的审美价值观时，社会环境的引导也是不可或缺的一环。提供更多社会实践的机会，让艺术类大学生亲身感受社会的多样性和变化，将有助于丰富他们的审美体验，拓展他们的审美视野，使他们能够更好地融入社会，创作出更具时代特色和人民情怀的艺术作品。

全球化背景下，多元文化的交融、不同价值观的相互碰撞，潜移默化地影响艺术类大学生的审美价值观。例如，现代社会经济的飞速发展推动了消费主义文化的传播，商品不仅具有实用价值，还具有自我身份象征和认同的价值，通过消费，能够获得精神上的慰藉。自从文化产业进入商业范畴以来，艺术商品化的趋势在消费主义和功利主义的影响下日益增强。虽然追求功利性需求的艺术家偶尔也会创作出优秀的作品，但整体趋势却不可避免地呈现出庸俗化、世俗化和低俗化。艺术类大学生接受教育的过程就是社会化的过程，艺术类大学生与社会的交流是必然的。为了保证艺术类大学生在增加社会经验的同时，能够对健康或畸形的审美作出明确的判断，并且能够坚定正确的审美取向，这就要求家庭、高校、社会三者共同努力。高校需要承担起引导学生的重要职责，不仅要建立与家庭的沟通渠道，还需要健全社会实践机制，引导艺术类大学生积极参与社会实践，以正确的方式引导他们能够自主面对在艺术实践中所遇到的困惑及阻碍，在不断的社会锤炼中，艺术类大学生将逐渐形成正确、健康、积极的审美价值观。

第二章　新时代艺术类大学生审美价值观的基本范畴

习近平总书记在党的二十大报告中指出，"从现在起，中国共产党的中心任务就是团结带领全国各族人民全面建成社会主义现代化强国、实现第二个百年奋斗目标，以中国式现代化全面推进中华民族伟大复兴"，[①] "中国式现代化是物质文明和精神文明相协调的现代化。物质富足、精神富有是社会主义现代化的根本要求。物质贫困不是社会主义，精神贫乏也不是社会主义"。[②]现阶段，我国已经全面建成小康社会，人们的物质生活水平有所提高，为推进中国式现代化进程，党和国家对精神文明建设提出了新要求。艺术审美是人的一种精神实践活动，是人掌握世界的一种特殊方式，繁荣艺术则是丰富人民精神生活的内在需要。艺术类大学生作为文艺工作的主力军，需要立足于国家发展的视角明确自身的艰巨任务。

2.1　新时代艺术类大学生审美价值观的内容

审美价值观念的不同会对美有不同的理解，为正确引导艺术类大学生对美好生活的追求，可以以艺术作品为媒介，寄予其中积极的美的内涵。以"开放包容"的时代性审美价值观、"和谐共生"的生态性审美价值观、"人民至上"的政治性审美价值观、"百花齐放"的文化性审美价值观为主要内容，引导

[①] 习近平. 高举中国特色社会主义伟大旗帜 为全面建设社会主义现代化国家而团结奋斗——在中国共产党第二十次全国代表大会上的报告[M]. 北京：人民出版社，2022：21.

[②] 习近平. 高举中国特色社会主义伟大旗帜 为全面建设社会主义现代化国家而团结奋斗——在中国共产党第二十次全国代表大会上的报告[M]. 北京：人民出版社，2022：22-23.

艺术类大学生创作无愧于时代的艺术作品，有助于人民树立正确的审美价值观。

2.1.1 培育"和谐共生"的生态性审美价值观

人与自然的关系一直是一个深受探讨和关注的话题。随着社会的发展，我们越来越意识到人类与自然之间相互依赖的关系。在当代社会，环境问题日益凸显，生态平衡遭受严重威胁。因此，引导艺术类大学生树立人与自然和谐共生的生态性审美价值观，具有重要的现实意义。生态性审美价值观是指人们对自然界各种元素、现象及其相互关系的审美价值认知。它不仅仅关乎于美的感受，更涉及人对自然的尊重、保护和可持续发展的关切。艺术类大学生作为创意的引领者和表达者，他们的审美观念将会对整个社会产生积极的影响。

2020年发生在澳大利亚的大火烧毁了不计其数的植物，同时也让数以亿计的动物失去了家园。这场灾难不仅对当地生态造成了巨大破坏，还引发了全球对生态环境脆弱性的深刻关注。同年，非洲蝗灾对粮食产量造成了严重的影响，给数百万人的粮食安全带来了威胁；等等。这一系列事件都在提醒着人们，我们必须深刻理解人与自然和谐共生的重要性。我们应该以更加谦卑的心态面对自然，尊重生命的多样性，与自然相互依存，共同创造一个更加美好、健康的未来。这样的挑战与教训，是人类不容忽视的警示。我们不能再对待地球的资源和生态系统问题视而不见，更不能再忽视人类与自然的紧密联系。因此，以"和谐共生"的生态性审美价值观为指引，我们可以采取更积极的行动，推动人类与自然之间的平衡和互助。

生态性审美价值观不仅仅是一种理念，更可以成为艺术创作的源泉和灵感。艺术类大学生通过自己独特的视角和创意，能够以各种方式将人与自然和谐共生的思考和体验融入艺术创作中，通过艺术作品引导人们深入了解生态平衡。在绘画领域，艺术类大学生可以用丰富多彩的色彩、细腻的线条和独特的形状，展现出生态系统的复杂性和多样性。他们可以通过描绘森林、草原、湖泊和海洋等自然景观，传递出对自然美的赞美之情。同时，他们也能够将人类与自然的相互关系融入画作，呈现出人类与自然和谐共生的画面。一幅描绘人们与野生动物共处的作品，或是反映人类依赖自然资源的场景，都能够引起人们的共鸣，激发对环保的思考。音乐和舞蹈也是表达和谐共生的强有力的工具。艺术类大学生可以通过音符的组合和旋律的编排，创作出具有自然元素的音乐作品。这些作品可以模仿自然界的声音，如鸟鸣、风声、水流等，营造出与自然相融合的音乐氛围。舞蹈生则可以借助身体的动态和舞姿，表现出生态系统中不同生物之间的相互呼应和协调。通过模仿动植物的动作和节奏，创造出生态舞蹈作品，让人们感受到与自然融为一体的美妙体验。这些艺术作品不仅仅是为了展示美感，更有着深刻的社会意义。它们成为传递环保理念和可持续发展观念的重要媒介。

在观赏艺术的过程中，人们不仅能够欣赏到美的作品，还能够以艺术作品为媒介，在情感上与艺术创作者产生共鸣。传递人与自然和谐共生理念的艺术作品，能激发人们对保护自然的责任感。这种情感共鸣能够潜移默化地引导人们改变自己的生活方式，例如，减少浪费，降低碳排放、积极参与环保行动；等等。艺术作品以美的形式可以在社会中引起广泛的关注和讨论，从而影响更多人的意识和行动。展览、演出、音乐会等艺术活动都是向公众传递环保信息和生态价值观的绝佳平台。人们在欣赏艺术作品的同时，也会被引导去思考人类与自然的关系以及如何共同建立人与自然和谐共生的美好未来。

在该理念的引领下，艺术类大学生可以进一步深入探索自然的美丽，从微观的昆虫世界到宏伟的山川河流，从多彩的植物群落到丰富的海洋生态。艺术作为一种窗口，能将大自然的奥秘和生命的多样性呈现在人们面前，让人们在美的熏陶中感受到大自然的神奇。在绚丽的画面中，人们或许能够更加深刻地认识到，每一个生物都在共同谱写着一曲壮丽的生命交响，而人类只是这个交响曲中的一个和谐音符。这种审美价值观能够唤起人们对大自然的敬畏之情，使我们从繁忙的日常中抽离出来，静心聆听自然的声音，领略生命的美好。正如画家用色彩勾勒出自然的韵律，音乐家以旋律表达出自然的声音，人们也可以通过艺术的媒介感受到自然的魅力。

在这份敬畏中，艺术类大学生更能够认识到自然是人类赖以生存的家园，而有责任去呵护和保护这片赋予我们生命的星球。通过培育"和谐共生"的生态性审美价值观，能够唤醒艺术类大学生内心深处的责任感，并通过艺术作

第二章 新时代艺术类大学生审美价值观的基本范畴

品激发人们的使命感。每个人都是地球的守护者，我们的生存和繁荣与自然息息相关。艺术的启发能够激发人们深入思考，思考人与自然的关系，思考人们应当如何与自然和谐共生。在欣赏一幅展现自然之美的绘画时，我们或许会产生一种责任感，想要采取行动，去减少浪费、降低碳排放，为保护环境出一分微薄之力。

从环境艺术设计的角度来看，在"和谐共生"的审美理念引领下，艺术类大学生可以在城市规划中融入绿色景观设计，建设更加"绿色"的城市。现代城市发展带来了繁荣与便利，但也随之迎来了环境污染、生态破坏等问题。当艺术类大学生以"和谐共生"的眼光审视城市，便能找到许多创新的方法来平衡人类需求和自然生态。艺术类大学生可以将绿色景观作为核心元素，使城市的每一个角落都充满生机和活力。公园、花园、绿化带等都可以成为人们休闲娱乐的场所，同时也是城市生态系统的重要组成部分。城市中的屋顶和墙面可以用于种植植物，不仅美化了城市环境，还能够吸收二氧化碳、净化空气，达到生态与美学的双重效益。

倡导使用环保材料是实现"和谐共生"的另一个重要步骤。在建筑和基础设施的设计中，选择可再生材料、低碳材料，能有效减少能源消耗和环境影响。同时，在审美价值观教育过程中可以推动创新技术的应用，建造垂直森林大楼、智能节能系统等，使建筑与自然更好地融合，实现可持续发展。可再生能源的使用也是"和谐共生"城市的主要标志。太阳能、风能等清洁能源可以为城市提供持续稳定的能源供应，减少对化石燃料的依赖，降低温室气体排放。在"和谐共生"的理念下，可以将太阳能电池板、风力发电设施融入城市景观，不仅为城市注入科技感，也为环境保护贡献一分力量。

"和谐共生"的生态性审美价值观为艺术界注入了更深刻的意义和使命感。它不仅仅局限于美的追求，而是将美与伦理、哲学相结合，引导着艺术类大学生和大众反思人类与自然的关系。通过艺术作品，人们能够更加直观地感受到人类与自然共生共存的可能性，激发出人们对环境保护的责任感和行动意识。艺术类大学生将继续通过他们的作品传递出与自然相互依存的信息，唤起人们对可持续未来的希望。通过艺术的力量，推进构建一个更加和谐、平衡的世界，让人类与自然共生共荣。

2.1.2 培育"人民至上"的政治性审美价值观

艺术类大学生作为社会文化的创造者和传承者，其审美观念和价值观的塑造对于社会的影响不容忽视。艺术作品往往具有深远的影响力，能够触发人们的情感共鸣，引导社会舆论。艺术类大学生通过艺术创作和表达，有机会表现出对人民利益的关照，能够借助艺术作品呼唤社会对人民需求的认知和关注，推动社会关怀的共识形成。培育艺术类大学生树立"人民至上"的政治性审美价值观，可以帮助艺术类大学生拓展创作视野，进一步提升他们的社会责任感。在艺术题材选择上回应人民需求有助于创作出优秀的艺术作品，并且能够通过艺术作品向社会传递积极的审美价值观。

第一，培育艺术类大学生树立"人民至上"的政治性审美价值观，可以进一步拓展他们的艺术创作视野，创作视野的拓展也是培养艺术类大学生的重要任务之一。如同广阔的天空能够容纳各种飞翔的生物一样，一个开放的创作视野能够容纳多样的灵感和创意。当艺术类大学生的视野被局限在狭小的领域时，他们或许会陷入创作的困境，难以突破自身的创作框架。只要打破这种束缚，无限的创作可能性就会展现在他们面前，如一片辽阔的草原，等待他们去驰骋。

在审美价值观教育过程中，引导艺术类大学生去认识并接纳"人民至上"的政治性审美价值观，是非常有益的。这不仅能够培养学生对社会的深刻认知，还可以使他们更好地了解人民的需求和情感。通过对政治题材的艺术加工，艺术类大学生能够将自己的创作与社会现实相结合，传递出更加深刻的信息和情感。这种审美价值观不仅让他们更加关注社会问题，还能够拓宽他们的思维边界，引导他们去探索不同的艺术形式和表达方式。

培养"人民至上"的政治性审美价值观，也能够帮助艺术类大学生更加开放地去探索各种题材、风格和表现形式。政治并不是一个独立的领域，它贯穿在社会的方方面面。艺术作品可以是对政治现象的抽象表达，也可以是对人民生活的真实记录。他们可以通过政治性题材的创作，深刻把握社会的多样性和复杂性，进而在艺术创作中展现出更为丰富的内涵和深度。更重要的是，艺术类大学生通过将政治性审美融入艺术实践中，将会更加愿意挑战传统的观念，突破创作的边界。艺术的本质就是创新，是不断探索未知领域的

第二章　新时代艺术类大学生审美价值观的基本范畴

勇气和智慧。通过将政治性审美融入创作中，他们会勇于尝试新的表达方式，探索新的艺术语言。

这种创新的精神不仅能够使他们的作品更加独具个性，也更能够使作品充满时代感，与人们产生更加紧密的情感联系。正如一幅画作可以通过不同的角度和光线展现出不同的美，一位艺术家也可以通过不同的创作视角和主题，呈现出多样的创作风貌。在培养艺术类大学生的过程中，注重政治性审美价值观的培养，能够为他们打开一扇通往广阔创作领域的大门。这扇门通向了无限的创作可能性，通向了深刻的社会理解，通向了人们心灵的共鸣。

第二，培养艺术类大学生树立"人民至上"的政治性审美价值观，是培养具有社会责任感的艺术类大学生的重要一环。在这个充满多元文化和复杂社会问题的时代，艺术不仅仅是审美的享受，更是一种凝聚力量、引发思考、传达情感的媒介。在这样的背景下，审美价值观教育的任务不仅仅是传授技巧，也要引导艺术类大学生从政治性审美角度去审视艺术作品，并将人民的利益和需求融入其中。艺术作品具有引人深思的能力，能够将抽象的政治理念具体化，让艺术形式和内容能够反映人民的真实生活和需求。通过不同的艺术表现形式，能够在感官上吸引大众的审美兴趣，才能进一步引导大众关注艺术内容的深刻内涵。艺术作品内容上可以展现人民的生活琐事、喜怒哀乐，传达出人与人之间的情感纽带。通过展现人民的日常生活，艺术类大学生能够呈现出他们的坚韧和乐观，以及面对困境时的坚毅。这种刻画将人民塑造成具有鲜明个性和独特魅力的角色，使人们能够产生共鸣。

第三，艺术创作是表达思想情感的独特途径，也是向社会传递积极的审美价值观的重要渠道。通过"人民至上"的政治性审美价值观教育，艺术类大学生可以更加深刻地领悟人民的需求，从而创作出更具有深度和内涵的作品。这不仅仅是艺术类大学生个人的成长，也是整个社会意识的提升。当艺术类大学生用自己的作品呼唤人们关注社会问题、传递正能量，整个社会也会因此受益。培育"人民至上"的政治性审美价值观也是弘扬社会主义核心价值观的具体体现。艺术类大学生在树立这一价值观的同时，也是在践行社会主义核心价值观的要求，将社会主义的精神内涵融入自己的创作中，为社会主义核心价值观的传承和弘扬贡献力量。

艺术创作并不是孤立存在的，它融汇着丰富的文化背景和社会意义。艺术类大学生的创作受到时代的影响，也在潜移默化中影响着社会的发展。"人民至上"的政治性审美价值观为艺术创作提供了坚实的基础。这一价值观强调人民的利益和需求应该始终处于至高无上的地位。在这样的审美观念指引下，艺术类大学生开展的艺术创作不仅仅是在表达自己的情感，更是在关注人民的生活和感受。他们用自己的作品勾勒出人民的喜怒哀乐，记录下生活中的点滴瞬间，以此传达出真挚的情感和对人民的深厚关怀。

艺术创作是一个关于情感与思想的互动过程，它并不是单向地呈现，而是与人们之间的一种对话。当人们欣赏一幅画、一首诗、一段音乐时，他们不仅仅是在感受艺术类大学生的情感，更是在与自己的经历和价值观进行碰撞。正因如此，艺术类大学生的创作不仅仅是个人情感的宣泄，更是社会意义的传递。在当今社会，积极的审美价值观尤为重要。艺术作品不仅仅是一种审美的享受，更是一种道德的引导。当艺术类大学生将自己的创作与社会问题紧密相连，用艺术的形式传递正能量，他们不仅在推动社会的进步，也在引导人们的审美观念。这种积极的艺术影响能够潜移默化地影响人们，使他们更加关注社会的发展，更加注重人与人之间的关系，从而营造出更加和谐的社会氛围。因此，艺术类大学生不仅仅是技艺的传承者，更是思想的引领者。他们能够通过自己的作品呼唤人们关注社会问题，唤起人们的社会责任感，推动社会向着更美好的方向发展。

总之，艺术创作不仅仅是个体的创作过程，更是整个社会的精神追求。通过审美价值观教育，艺术类大学生能够更加深刻地关注和回应人民的需求，用自己的作品传递积极的能量，引导社会的发展。这种积极影响将继续激励着艺术类大学生不断前行，为社会的进步贡献自己的力量，让艺术在社会中绽放出更加璀璨的光芒。

2.1.3 培育"开放包容"的时代性审美价值观

审美是多元的，它随着时代的变迁和文化的交流不断演进。在漫长的历史长河中，人们对美的理解和感知在不同时期、不同地域产生了丰富多样的变化。从古至今，不同文明的建筑、音乐、文学等艺术作品，都记录了当时社会的审美价值观。正如河流汇聚于大海，不同的审美趋势和观点也在交汇

第二章 新时代艺术类大学生审美价值观的基本范畴

融合，构筑着一个更加丰富多彩的审美世界。在当今社会，全球化和数字化的浪潮推动了不同文化之间的交流与融合，加速了审美的多元化。要培育一种"开放包容"的时代性审美价值观，是与时俱进的必然选择。在这样的背景下，艺术类大学生作为文化创意领域的未来从业者，肩负着重要的使命。在跨文化交流日益频繁的今天，跨越语言、地域和时空的作品能够更好地传递情感和思想，引发更广泛的共鸣。培养艺术类大学生树立"开放包容"的时代性审美价值观，不仅有助于自身成长，使得艺术类大学生更好地融入多元的审美环境，同时也能推动社会的进步。

引导艺术类大学生树立"开放包容"的时代性审美价值观，有助于自身的成长。对于艺术类大学生而言，开放包容的审美价值观不仅是一种观念，更是一种生活方式，能够塑造艺术类大学生的思维方式和创作态度。面对当今多元化的文化背景和审美取向，这种开放性的价值观成为培养艺术类大学生的必备素质。在现实世界中，艺术作品的审美多样性早已超越了传统的界限，这就要求艺术类大学生具备以开放包容的心态去理解和尊重不同的审美观点。从古典到现代、从写实到抽象，每一种风格都有其独特的表达方式和价值。通过学会欣赏并包容艺术多样性，艺术类大学生们能够在审美层面体验更丰富的灵感，为创作注入更多元的元素。这种开放的思维不仅仅是对外界的回应，更是一种内在的创意源泉。

当面对挑战和困难时，开放包容的心态也能为艺术类大学生提供更多的解决思路。艺术创作的过程充满了不确定性和难以预测的因素，而这正是开放思维的舞台。从多个角度看待问题，能够使他们更从容地面对压力和困扰，寻找突破的方法和新的创作灵感。这种积极的态度让他们不再惧怕失败，而是将失败视为通向成功的一个必经阶段。在这个充满竞争和变革的时代，开放包容的审美价值观不仅是艺术创作的力量，更是人格修养的体现。它不仅在艺术类大学生的作品中得以体现，还在他们的日常生活中成为一种积极的生活态度。通过跨足不同领域的知识，交流各种不同的文化，艺术类大学生能够更好地理解世界，成为真正意义上的全球公民。

引导艺术类大学生树立"开放包容"的时代性审美价值观，能够帮助他们更好地融入多元的审美环境。在多元的审美环境中，艺术类大学生常常需要与来自不同文化背景的人进行合作，这可能涉及不同的审美偏好、创作理念和表达方式；等等。在这样的合作过程中，尊重他人的观点和意见显得至关重要。通过积极的沟通和合作，艺术类大学生可以学会在不同的艺术视角中寻找共同点，从而创造出更加丰富多彩的作品。我们身处一个全球化的时代，各种文化、思想不断交汇，这也为艺术类大学生提供了更广阔的创作空间。当代社会的多元化给了艺术类大学生更多的创作素材，也呼唤着开放包容的审美眼光。

　　树立多元的审美观念，意味着要超越狭隘的传统观念，不再将审美局限于某一特定标准。这样的变革有助于艺术类大学生跳出旧有的创作框架，更加自由地表达内心的情感和想法，可以让艺术类大学生更好地适应多元的审美环境。在国际交流中，拥有多元的审美观念将使艺术类大学生更加从容自信。能够帮助艺术类大学生更好地把握时代的脉搏，创作出更富前瞻性的作品，立时代桥头，发时代之先声。引导艺术类大学生树立"开放包容"的时代性审美价值观是一个多赢的过程。这不仅有助于他们更好地融入多元的审美环境，提升人际交往能力，还能够在日常生活和职业发展中获得更多机会和挑战。随着时代的不断变化和发展，适应多元审美的能力将变得愈发重要，而这也正是艺术类大学生所需要不断培养和提升的素质。

　　引导艺术类大学生树立"开放包容"的时代性审美价值观，对于推动社会进步具有积极的影响。艺术作品常常通过审美的方式触发人们的情感共鸣，激发人们追求美好生活的渴望。在这个过程中，艺术类大学生传达的价值观会潜移默化地影响人们，引导他们朝着更加开放、包容、进步的方向迈进。当我们鼓励大学生将"开放包容"融入他们的审美观中时，他们将能够更好地理解和传达多样性的信息，促进文化的交流与融合，从而塑造一个更加包容和进步的社会。时代性审美价值观是不断演变的，它在很大程度上受到社会、政治、科技等方面的影响。艺术类大学生不再局限于传统的艺术媒介，他们更多地融合了多种媒体和技术，以新颖的方式传达他们的思想与情感。时代性审美并非只是技术的表现，更关乎对多元文化的尊重与认同，对不同声音的倾听与理解。因此，引导大学生树立"开放包容"的审美价值观，需要从深层次的人文关怀出发，让他们在创作和欣赏中感受到多元的魅力。

第二章　新时代艺术类大学生审美价值观的基本范畴

艺术类大学生作为传承文化的主力军，他们的审美观影响着整个社会未来的文化氛围。通过审美价值观教育和引导，可以帮助他们意识到，不同的文化背景、价值观和生活经验都是丰富多彩的，都应该在艺术创作中得到体现。在创作过程中，艺术类大学生可以通过借鉴多元文化元素，创造出更具有包容性的作品，从而吸引更广泛的受众，促进跨文化的交流。因此，引导艺术类大学生树立"开放包容"的时代性审美价值观，不仅仅是培养他们的审美能力，更是在人文关怀的基础上，引导他们成为积极的社会变革者。通过创作和欣赏多元文化的作品，他们能够深刻体验到不同背景和经历的人们所带来的独特视角和情感。引导艺术类大学生树立"开放包容"的时代性审美价值观是一个深远的任务，但它对于社会的进步和多元文化的传承都具有重要的意义。通过培养这种价值观，我们能够在艺术力量的引领下，构建一个更加开放、包容且富有创造力的社会。

2.1.4　培育"百花齐放"的文化性审美价值观

新时代背景下，不同文化之间的交流与碰撞变得更加频繁和紧密。艺术是文化的表达与体现，艺术类大学生通过绘画、音乐、舞蹈等形式，传达着文化的价值观、历史、情感和思想。文化为艺术提供了创作的土壤和内容，艺术在文化的背景下得以发展演变。引导艺术类大学生树立"百花齐放"的文化性审美价值观，有助于帮助他们认知多样性的文化，增强文化自信，能够有效提升他们的创新能力。

首先，培育艺术类大学生树立"百花齐放"的文化性审美价值观，能够帮助艺术类大学生认知多样性的文化。多样性的文化是人类社会的宝贵财富，每个民族、每个地区都拥有着独特的文化传统和艺术表现形式。在当今世界，不同文化之间的交流与融合显得尤为重要。培育"百花齐放"的文化性审美价值观，就是要引导大学生欣赏并认知不同风格的艺术形式。不同的审美体验能够拓展他们的审美边界，使他们不再局限于某一种特定的审美标准，从而更加包容地面对各种艺术形式。通过了解不同文化的艺术表达，艺术类大学生可以更深刻地理解世界的多样性，从而培养出更加开放和宽容的思维方式。随着全球化的推进，人们之间的联系变得更加紧密。文化的交流与融合不再受限于地理边界，互联网和先进的交通工具等使得不同国家和地区的文化相互渗透，相互影响。这种文化的交融既是一种机遇，也是一种挑战。

我们生活在一个多元的世界中，艺术作品的形式各异，蕴含着不同背景和情感。世界上不同地方所呈现出的艺术和文化的多样性，实际上反映了人们认知的多样性，审美价值观教育可以通过提升艺术类大学生的审美认知，来帮助他们了解多元文化。在审美价值观教育过程中，艺术类大学生有机会深入研究各种艺术形式，通过系统的教育，他们不仅可以掌握艺术创作的技巧，更能提升自身的审美情趣和文化素养。通过学习不同文化的艺术作品，例如，毕加索的《镜前少女》、凡·高的《向日葵》、徐悲鸿《奔马》、齐白石的《群虾图》等，能够培养艺术类大学生们对多样性文化的敏感性和欣赏能力，有助于培养他们的创新思维，激发出独特的创造力，创作出更具包容性和国际化的艺术作品。

其次，培育"百花齐放"的文化性审美价值观能够增强艺术类大学生的文化自信。多样性的文化也会带来一些负面影响，例如，文化冲突可能导致社会不稳定，不同文化的价值观、习惯和信仰的碰撞容易引发误解、矛盾甚至冲突，加剧社会紧张局势。为消解多元文化所带来的负面影响，审美价值观教育注重艺术类大学生的文化自信培养。文化自信来自文化多样性视角下的文化坚守与文化自觉，拥有文化自信的艺术类大学生，在面对多元文化的冲击和融合时，可以保持对自己文化根基的坚守，不失去自己的文化特色。与此同时，他们也需要培养文化自觉，意识到每种文化都有其独特的价值和意义，不同文化之间应该相互尊重、平等交流。只有在文化坚守和文化自觉的双重作用下，艺术类大学生才能够从容地面对多元文化的冲击和融合，不会因消极文化的冲击而动摇。

审美价值观教育为坚定艺术类大学生的文化自信，向他们提供了深入了解不同文化的机会。学生在艺术鉴赏和创作中，能接触到来自各个文化背景的艺术作品，能够深入了解这些文化的历史、哲学、价值观等。这种深入了解有助于消除对陌生文化的误解和偏见，从而培养艺术类大学生对不同文化的包容心态和尊重。在学习和创作过程中，艺术类大学生可以与来自不同文化背景的同学合作，共同探索艺术的各个层面。这种合作促使他们更好地理解他人的观点和创意，培养了跨文化交流的能力，从而在多元文化的环境中

第二章 新时代艺术类大学生审美价值观的基本范畴

自信地表达自己。对于艺术类大学生而言,他们既是创造者又是传承者。通过对中华优秀传统文化的学习和继承,能够坚定他们的文化自信,可以将历史的积淀融入当代的创作中,使作品具有更深厚的文化底蕴。艺术类大学生也有责任去创造具有时代特色的艺术作品,为当下的社会带来新的审美体验。培养艺术类大学生的文化自信,能够让他们更加自信地在创作中表达自己,不受拘束地探索各种艺术形式和风格,从而为文化的传承和创新做出更大的贡献。

最后,创新是社会发展的动力引擎,而"百花齐放"的文化性审美价值观有助于提升艺术类大学生的创新能力。审美价值观教育不仅仅是培养艺术类大学生欣赏艺术的工具,更是激发他们的创造力和创新潜力的催化剂。在这个过程中,艺术类大学生不再被局限于特定的审美标准或传统,而是被鼓励去挑战、质疑和重新定义艺术。这种开放性的思考方式有助于塑造创新者的思维方式,使他们能够独立思考并找到新的解决方案。文化自信是对自身文化传统及其价值的自信,是对自身文化先进性和生命力的自信,是对自身文化创新创造活力及其前景的自信。审美价值观教育能够帮助艺术类大学生认知多样性的文化,更加坚定文化自信,为文化创新奠定了扎实的基础。艺术类大学生在审美价值观教育的引导下,可以不再局限于传统的创作范式。他们开始勇敢地尝试融合不同风格、技术和表现形式,从而创造出独具个人特色的艺术作品。这种多样性的创作不仅满足了个人的创作欲望,更丰富了整个艺术领域的创作生态。在不同的艺术作品中,人们可以感受到来自不同文化的碰撞与融合,这也促进了文化的传播与交流。这种创新能力不仅能改变艺术领域,还能够深刻影响整个社会。

综上,审美价值观教育为艺术的发展注入了新的活力。艺术类大学生通过对不同审美观念的学习和探讨,能够不断完善自己的艺术创作理念,不断磨炼自己的创作技巧,从而在竞争激烈的艺术市场中脱颖而出。他们不再满足于单一的创作风格,而是在不断尝试中寻找到适合自己的独特表达方式,这种持续的创新助力他们在职业道路上更具竞争力。除了对个人的成长带来积极影响外,文化性审美价值观的推崇也有助于整个社会的文化繁荣。当艺术类大学生将不同文化的精华融入自己的作品中,人们不仅能够在审美上得到享受，也能够更深入地了解和尊重其他文化，促进文化的多元共存。这种文化的交流与共融能够减少误解与偏见，增进不同文化间的友好合作，推动世界文明的进步。

2.2 新时代艺术类大学生审美价值观的功能

审美价值观是人对于"美"的理解、评价和欣赏的一种集合，涵盖了理论、实践和价值观三个方面。美学作为研究"美"的学科，探讨了"美"的起源、属性、规律等理论问题。审美价值观基于美学理论的指导，能够帮助艺术类大学生理解何为美，从而形成对各种事物的审美判断，美学理论为审美价值观提供了理论基础。从实践角度看，审美价值观在个体创作、艺术欣赏和审美体验中得以体现。艺术类大学生也可以通过创作艺术作品，来传递他们的审美观念。大众则基于个人的审美价值观，来欣赏、评价艺术作品。并且审美体验并不局限于艺术，还贯穿于日常生活的方方面面。审美价值观作为价值观的一部分，能够反映个体、社会及文化的审美价值取向，这种反映不仅涵盖了个体的审美趣味和情感体验，也内含了整个社会和文化的审美标准和趋势，形成了一个多层次、多维度的审美观念体系。因此，培育艺术类大学生树立积极的审美价值观，对艺术类大学生的理论认知、实践引导、价值观引领具有重要意义。

2.2.1 理论认知

审美价值观教育作为教育领域的重要组成部分，具有深远的理论认知功能。审美价值观是人对美的理解、评价以及欣赏的观点和态度，涵盖了文化、艺术、审美情趣等多个领域。对于艺术类大学生来讲，审美价值观教育能够提升他们对于马克思主义美学理论的认知，在理论认知的基础上培养他们形成批判性的思维模式。在艺术创作的题材选择层面，能引导艺术类大学生关注人民需求。这种教育能够帮助艺术类大学生在审美、创美过程中进行深入的思考和分析，使得他们更加了解艺术作品的内在意义和文化内涵，进而塑造更深刻的审美认知。

审美价值观教育能够提升艺术类大学生对于马克思主义美学理论的认知。现阶段，我国已经实现全面建成小康社会的历史任务。在物质生活水平满足

第二章 新时代艺术类大学生审美价值观的基本范畴

的前提下,精神文化的需求以及自我价值的实现能够为人们带来更高的满足。即在物质需求得到满足的同时,人民对于精神需求有了更高的期待。我们需要在物质基础上,合理地追求健康的精神享受,但是这并不意味我们可以懈怠发展物质经济。社会主要矛盾是社会发展的内在推动力,我们需要牢牢把握社会基本矛盾,不断增强人民的获得感、幸福感和安全感,不断推进全体人民共同富裕。共同富裕既包括了物质富裕,又包括了精神富裕。物质的富足使得物质文明与精神文明呈失衡样态,经济发展了,精神却失落了。面对社会的多方向发展,市场潮流不定期地更新、迭代,使得社会主流意识形态逐渐失去了话语权。为了解决、应对意识形态领域面临的新困局、新挑战,在审美价值观教育过程中需要始终坚定马克思主义在意识形态领域的领导地位。

马克思主义提供了一种科学的方法来分析社会和文化现象。它强调社会的经济基础决定了上层建筑,包括艺术和审美观念。在审美价值观教育中,马克思主义可以帮助学生理解不同文化和艺术表达背后的经济、政治和社会背景。这有助于他们更深刻地理解艺术作品的内涵,并认识到艺术与社会关系密切。马克思主义强调了阶级斗争和社会变革的重要性。在审美价值观教育中,这一理念可以引导学生思考艺术和审美观念如何与社会变革和文化变迁相互关联。艺术类大学生可以通过马克思主义的观点来探讨艺术作品如何反映社会不平等、阶级矛盾以及文化冲突,从而培养批判性思维和社会责任感。最重要的是,马克思主义倡导人的全面发展,认为个体的创造力和创新力是社会进步的动力之一。在审美价值观教育中,这一理念可以激发艺术类大学生的创造性思维,鼓励他们勇于表达自己的审美观点和创意。

马克思主义美学理论是审美价值观理论教育的重要组成部分,强调人类社会实践是审美经验的根本基础。美的产生与社会历史、经济基础以及人们的创造性劳动密切相关。审美价值观教育可以通过强调社会历史的发展、经济制度的演变以及艺术与文化在这一过程中的作用,帮助艺术类大学生更深刻地理解美的本质内涵。可以通过学习不同历史时期的艺术作品,分析其中所蕴含的社会意义和价值观,引导艺术类大学生认识到美是一个历史性和社会性的现象,有助于培养他们敏锐的审美洞察力。

在思想开掘方面，通过理论认知的引导，审美价值观教育能够培养艺术类大学生批判性的思维模式，拓展思想的深度与广度。批判性思维作为一种审慎性的思维方式，以理性探究与创新思辨为内核。培养艺术类大学生的批判性思维，可影响其终身发展。正确的审美价值观能引导艺术类大学生审视事物的多维度，培养对美的敏感，不仅在审美体验中获得愉悦，更能理性判断美的价值意义。从而，审美价值观教育不仅丰富了艺术类大学生的精神生活，也提升了艺术类大学生对世界的理性认知。通过赏析不同的艺术作品，艺术类大学生可以培养出对多元文化的敏感性，进而更好地理解人类的共同价值观和多样性。这种理论教育不仅仅是知识的传递，更是思想的启迪，使学生能够以更宽广的视野看待世界，审视不同的观点，培养对社会、文化和人性的深刻洞察力。

在审美价值观教育中，不仅会引导艺术类大学生感官上欣赏艺术作品的形式美，例如，艺术作品的比例与尺度、统一与变化、对称与均衡等，还会引导艺术类大学生深入思考艺术作品背后的意义和价值。以达·芬奇的《蒙娜丽莎》为例，能够使其经久流传的主要原因，在于它以充满人性的"微笑"突破了神性的桎梏，代表了文艺复兴时期人类发展的历史性进步。这种思维方式不仅对于艺术创作有益，也对其他领域的问题解决具有指导作用。批判思维是创新能力的重要构成，批判性思维的形成有助于提升艺术类大学生的创新能力，在深入理解不同的艺术形式和创作思想的基础上，艺术类大学生可以更自由地开展艺术实践，将不同的元素融合在一起，产生出新颖的作品。这种创新能力不仅仅适用于艺术领域，也可以在其他领域中发挥重要作用，可以帮助艺术类大学生更好地适应纷繁复杂的社会环境。

习近平总书记曾指出："文艺工作者要志存高远，随着时代生活创新，以自己的艺术个性进行创新。"[1]在审美价值观教育的理论引导过程中，能够帮助艺术类大学生树立紧跟时代潮流的创作意识，这也是创作优秀艺术作品的规律之一。在教育过程中，要注重引导艺术类大学生审视时代的发展脉搏，认

---

[1] 中共中央宣传部.习近平总书记在文艺工作座谈会上的重要讲话学习读本[M].北京：学习出版社，2015：11-12.

第二章　新时代艺术类大学生审美价值观的基本范畴

识社会的变革与需求，培养紧跟时代潮流的审美意识。艺术作品不仅仅是个体情感的宣泄，也是时代思潮的折射，更是文化传承与创新的结晶。因此，艺术类大学生需要认识到自己创作的作品不仅是表达自我，更是服务于社会、传递价值的媒介。紧跟时代潮流的创作意识不是盲目追求潮流，而是在深刻理解时代特点的基础上，结合个人的情感、思考和创作技巧，创造出能够引起人们批判性思考的艺术作品。艺术类大学生要有对社会、人民和时代的深刻洞察，用自己的创作表达时代的变迁、社会的发展、人民的期待。

在艺术创作的题材选择层面，通过理论认知的引导，艺术类大学生能够进一步关注人民需求。审美价值观教育强调艺术的社会功能，艺术不仅仅是审美享受，更是对社会现实的关注和批判。在理论学习中，可以通过讨论艺术作品如何反映社会问题、表达阶级矛盾等，引导艺术类大学生认识到艺术与社会的紧密关联，鼓励他们积极参与社会实践的意识和行动，习近平总书记文艺工作座谈会上强调，"社会主义文艺，从本质上讲，就是人民的文艺"[①]。审美价值观的教育能够引导艺术类大学生关注人民的需求，鼓励他们在艺术创作中融入社会问题，如社会公平、环保等，使他们的作品不仅具有艺术美，还能向社会传达正能量。人民需要文艺，文学艺术各领域都要跟上时代发展、把握人民需求。艺术作为一种表达和传递情感的方式，应该与人民的生活息息相关。例如，在物欲横流的当今社会，人民更加追求精神的富足。因此，在艺术创作过程中，要注重艺术作品对于人民精神的引导，要避免艺术审美的庸俗化。

通过审美价值观的培养，艺术类大学生可以更加敏锐地捕捉到社会变革和人民情感的脉动，将这些真实的体验融入作品中，创作出"真诚"的艺术作品。这不仅能够增强作品的感染力，也能够使艺术在引领社会风尚方面发挥更大的作用。为准确把握人民的现实需求，在理论引导过程中，审美价值观教育要注重案例分析和讨论，引导艺术类大学生思考如何通过艺术表达来传达人民的诉求和期待。这样一来，便可以帮助他们更好地理解不同人群的审

[①] 中共中央宣传部. 习近平总书记在文艺工作座谈会上的重要讲话学习读本[M]. 北京：学习出版社，2015：14.

美偏好和文化背景，从而更准确地捕捉人民的需要，创作出优秀的艺术作品。以艺术设计类大学生为例，学生在进行城市公共空间设计时，如果受到审美价值观教育的影响，他们会更加关注周围居民的生活习惯、文化特点以及对美的理解，在此基础上才能设计出能用的、好用的、人民想用的优秀产品。

综上，审美价值观教育能够培养艺术类大学生的人文素养。通过理论课程的学习，他们可以深入了解不同艺术形式和文化传统的知识，能够穿越时空，探索不同时代、不同地域的艺术风格和思想内涵。这不仅有助于培养艺术类大学生的跨文化审美意识，还能够帮助他们更好地理解和尊重各种文化背景下的艺术表达，从而在创作中更具包容性和开放性。通过审美理论的学习使艺术类大学生能够深入探究艺术作品的构成要素、表达方式以及背后的深层意义，可以为经典的艺术作品提供新的解读路径，深刻地理解其他艺术家的创作意图，从而将自己更好地融入创作的过程中。

2.2.2 实践引导

在审美价值观教育过程中，理论认知是引导艺术类大学生开展艺术实践的现实基础，对于正确理论的学习与领悟，能够帮助艺术类大学生形成正确的审美价值判断标准。审美判断具有多元性、主观性，基于事实的审美价值判断与科学价值判断不同。在艺术领域，若泰山为人，则其有生死，这种艺术逻辑具有合理性。而从科学角度来看，泰山不可能为人，话题本身就是虚妄，则其不具有真理性。对于审美价值判断，应以历史发展规律为基础，以把握事件的本质、内在关联与发展趋势为基础。如果审美判断仅以客观事物的外在形式为依据，缺乏对事物的规律性认识，如此便失去了社会基础，会导致审美活动的偏差。

理论认知能够帮助艺术类大学生把握"规律"，因此，在审美价值观的教育过程中，需要强调理论认知对于实践引导的重要性。同时，在审美实践的真实体验中，艺术类大学生能够深刻领悟已经学习到的"规律"或探索新的"规律"。积极的审美价值观作为艺术类大学生欣赏美、评价美、创造美的判断标准，具有指导艺术类大学生开展艺术实践的重要意义。艺术创作是艺术类大学生学习和实践的核心内容，从实践引导的维度来看，积极的审美价值观能够引导艺术类大学生在创作形式上大胆创新创造，在创作内容上与时俱进，

第二章　新时代艺术类大学生审美价值观的基本范畴

在创作追求上弘扬中华美学精神。

首先，审美价值观教育能够引导艺术类大学生在艺术创作形式上大胆创新创造。艺术类大学生依靠审美价值观进行艺术创作，积极的审美价值观不仅有助于培养他们的创造力和审美意识，更能够拓展艺术的边界，推动艺术的发展和进步。通过审美价值观教育，艺术类大学生能够更深入地理解艺术的多样性和开放性，从而在创作时敢于破除常规，以更具创新性的方式呈现自己的创意和想法。在当今快速变化的社会环境中，艺术领域的创新变得尤为重要。审美价值观教育不仅传递主流的审美意识，也鼓励艺术类大学生跳出传统艺术框架的束缚，勇于探索新的艺术表现方式，找到属于自己的艺术风格。

艺术作品的形象只有使人们的感官产生审美愉悦，才能进一步激发人们探求艺术文本内容的欲望，"恶心"的作品难以让人看第二眼。艺术文本的内容原本就是千变万化的，在巨大的社会变革面前，探讨影响艺术演进的要素，内容的相异可以暂时"悬置"。艺术文本的内容层面，远不如其文本形式自身起的作用重大，在这种意义上，艺术的发展集中体现为艺术范式的转换。不同的历史时期，占据支配地位的范式也不尽相同，技术与媒介进步为艺术创作提供了新的手段，因此，媒介的发展在艺术范式转化中扮演着重要角色。例如，从中国的绘画来看，从最早期的岩画、砖画、帛画再到笔、墨、纸、砚的使用，媒介的转化不断地推进着艺术的发展。在如今的数字时代，AIGC作为一种新形态的"媒介"即符号系统的表达形式，为文化与艺术的表达和传播提供了新的范式，这种媒介的身份来自艺术发展的必然规律。因此，在艺术创作中，推进艺术与科技的融合是至关重要的。

艺术与科技的融合是一个多维度、交叉领域的过程，涵盖了艺术创作、科学研究、技术应用等多个方面。审美价值观教育可以培养艺术类大学生对科技的敏感性和兴趣。现代科技的迅速发展给艺术创作带来了前所未有的机遇和挑战。通过引导学生了解和掌握先进的科技工具和技术，包括虚拟现实、人工智能、数字媒体等，可以激发他们的创作灵感和创新思维。审美价值观教育应当强调科技与艺术的互补关系，帮助艺术类大学生认识到科技是创作的一种手段，可以为艺术作品带来更多的可能性和表现形式。现阶段，艺术与科技的融合已经成为新时代共同的话题，尤其是科技对艺术巨大的推动作用。在审美价值观教育中，可以引导他们在创作中合理运用科技手段，创造出更具创新性的作品。例如，艺术类大学生可以运用计算机生成艺术、虚拟现实技术、数字雕塑等，将科技与传统艺术形式结合，创作出更具现代感和未来感的作品。这不仅能够丰富艺术作品的形式和内容，还能够吸引更多人们的关注和参与，推动艺术的发展和传播。

艺术与科技融合不仅仅是技术手段的堆砌，更是对人类文化、社会问题、人类情感等方面的思考和探索。通过在艺术实践中推进科技与艺术的融合，艺术类大学生可以深刻领悟科技创新如何引领艺术的发展，如何用艺术的方式表达科技的思考。这有助于艺术类大学生深入地理解和把握艺术与科技相融合的核心内涵。在实际教学中，审美价值观教育应当采取多种形式和策略来引导艺术与科技的融合。可以开设专门的课程或工作坊，让艺术类大学生学习和掌握与科技相关的艺术创作技能。可以邀请科技领域的专家学者来校园讲座，为学生提供前沿的科技知识和创新思路。更重要的是在实践方面可以组织艺术类大学生参与跨学科的合作项目，与工程、计算机科学等专业的学生共同合作，共同探索艺术与科技的交叉领域。

其次，审美价值观教育能够引导艺术类大学生的艺术创作紧跟时代发展动向。我国优秀的艺术家应该成为时代风气的先觉者、先行者、先倡者，他们的作品应当承载着对社会、人类和文明发展的独到见解，这也要求艺术类大学生在自己的艺术创作过程中紧密跟随时代的发展脉搏。在全球化、信息化的今天，社会在快速变迁，文化交流日益频繁。艺术创作已不再是孤立的个人行为，而是与时代的脉络相互交织。审美价值观教育应当引导艺术类大学生紧跟时代的步伐，关注当下社会的关键议题、文化动态以及人们的精神需求。通过深入了解和思考时代变革带来的社会问题、科技进步、文化碰撞等方面，艺术类大学生可以在自己的艺术实践中探索更具深度和广度的内容，从而赋予艺术作品更为丰富和多样的内涵。

艺术作品是艺术创作者的劳动成果，艺术创作者的创作理念受所处时代的影响，优秀的文艺作品必然也离不开对时代潮流的回应。审美价值观教育需要抓住当下事件的重要时间节点，帮助艺术类大学生树立健康的、正确的

第二章　新时代艺术类大学生审美价值观的基本范畴

审美意识。为确保审美教育的时代性和鲜活性，必须与时俱进地创新教育方法，更好地满足艺术类大学生的需求和社会的期待。艺术类大学生作为创作型人才，个性鲜明且富有创造力。传统的理论灌输方式可能难以引起他们的兴趣，因此，在审美价值观教育中，应当借鉴审美体验式教学的方法。通过创设多元化的艺术实践场景，使他们在体验中感受美的力量，进而自主探索与创造。

在教学过程中，应尊重每个艺术类大学生的兴趣、特点，在教育实践中以审美的方式来引导他们的审美价值观，常态化开展与当下社会时势相契合的艺术主题实践活动。例如，围绕"以人民为中心""艺术为人人"等主题，通过作品展览、文艺演出、主题座谈交流等形式，开展审美价值观的系列教学活动，在开放包容的审美认知下激发艺术类大学生的爱国情怀，逐渐形成为人民而创作，为时代而创作的行动自觉。

最后，审美价值观教育能够引导艺术类大学生在艺术追求上弘扬中华美学精神。2014年10月15日，习近平总书记在文艺工作座谈会上指出："要结合新的时代条件传承和弘扬中华优秀传统文化，传承和弘扬中华美学精神。"[①]中华美学精神是中国传统文化的核心价值在审美领域的体现，它强调和谐、平衡、内敛的审美追求，弘扬天人合一、人与自然和谐相融的观念，体现出中国人对美好生活和精神境界的追求。中华美学精神注重内涵与形式的统一，强调审美体验的内在情感与外在形态的和谐共生，是中华文化中深刻的审美哲学的体现。

弘扬中华美学精神是对中华优秀传统文化中深刻的审美价值和哲学观念的传承与发展，具有重要的文化意义和现实价值。中华美学精神强调和谐、平衡、内敛的审美追求，是与现代社会繁忙、碎片化的生活节奏形成鲜明对比的。这一审美理念有助于人们摆脱物质功利的束缚，从内心追求内在的平衡与和谐。中华美学精神为人们提供了一种从容淡定的审美方式，使人们能够更好地抵御外界的干扰，培养内心的宁静与深度思考。

---

① 中共中央宣传部. 习近平总书记在文艺工作座谈会上的重要讲话学习读本[M]. 北京：学习出版社，2015：29.

艺术实践是一座桥梁，连接着艺术类大学生与中华美学精神的深刻内涵。在绘画、音乐、舞蹈、戏剧等艺术实践中，艺术类大学生可以透过创作、表演等方式，直接感受并体验中华美学所强调的和谐、平衡、自然等价值理念，进而可以深入理解其中蕴含的智慧。在绘画领域，艺术类大学生通过挥毫泼墨，或是绘制精致的山水、花鸟，能够深刻领略到中华美学对自然的独特理解。中国古代画家注重"意境"，通过寥寥数笔，表现出山水之间所蕴藏的内涵，可以引导人们超越表面形态，寻找灵魂的共鸣。这种绘画方式不仅是技术上的表现，更是心灵的抒发，培养了艺术类大学生的审美情感，使他们更加敏锐地体悟自然之美。音乐与舞蹈作为艺术的表现形式，也是中华美学的重要体现。艺术类大学生通过演奏古琴、古筝等传统乐器，或是参与民间舞蹈的编排与演出，能够感受到节奏的变化、音符的和谐，以及舞姿的优美。

这种实践让艺术类大学生深刻理解到中华美学在音乐与舞蹈中所追求的平衡和谐，以及对自然流动之美的追求。戏剧可以让艺术类大学生透视中华美学对人与社会关系的独特思考。通过戏剧表演他们能够扮演不同角色，体会生活百态，从而更好地理解中华文化中强调的亲情、友情、爱情等价值观。戏剧实践不仅培养了学生的表演能力，也让他们更加深入地理解了中华美学所强调的人际关系的和谐与平衡；等等。在这些艺术实践的过程中，艺术类大学生并不仅仅是在模仿，更是在感知、体验、思考。他们通过创作、表演，渐渐领悟中华美学所传承的审美情感与审美观念，培养了独立思考和创新能力。这种深入的体验与感悟，使他们不仅仅是了解中华美学，更是内化为自己的情感与信仰。

在审美价值观教育过程中，通过审美实践，艺术类大学生能够更加深刻地领悟美与道德、美与自然的紧密关系，从而培养出更高尚的审美追求，树立弘扬中华美学精神的审美意识。审美意识是人们对美的感知、理解和评价的能力，是创作艺术作品的前提。通过审美价值观教育，可以在艺术类大学生心中树立正确的文化自信。中华美学作为中国传统文化的重要组成部分，是中国文化的瑰宝。通过深入的艺术实践，艺术类大学生能够更加深刻地体会到中华美学的独特价值，从而在跨文化交流中更加自信地展示和传播中华文化。这不仅有助于学生个人的成长，也有助于中华美学精神在国际舞台上

第二章 新时代艺术类大学生审美价值观的基本范畴

的传播和弘扬。

审美价值观教育可以培养艺术类大学生的审美意识和提升创作能力，社会实践为艺术类大学生提供了将所学应用于实际情景的机会，这在弘扬中华美学精神方面具有特殊意义。通过注重社会实践，艺术类大学生不仅可以将中华美学精神融入作品中，还能够在与人们、社会互动的过程中深化对美学理念的理解和体验。作品展览是艺术类大学生社会实践的重要形式之一。在展览中，艺术类大学生可以通过作品的主题、风格、表现手法等方面，传递中华美学所倡导的和谐、平衡、内敛的审美追求。人们不仅可以欣赏到精美的艺术作品，还能够从中感受到传统文化的价值观念，进而在心灵上产生共鸣。

除了作品展览，讲座、国际会议等文化交流形式也是促进中华美学精神传承的有力途径。艺术类大学生可以通过举办文化交流活动，与来自不同背景和领域的老师或学生进行对话和交流。这种跨界的互动有助于拓宽艺术类大学生的视野，启发创作灵感，也可以促使学生更好地将中华美学精神融入自己的作品中。在国际文化交流中，中华美学精神也能够促进文化互鉴。通过推广中华美学观念，我们能够为国际社会提供不同于西方审美理念的视角，扩大中华文化的影响力，丰富审美的多元性。中华美学的独特魅力和深厚内涵，能够吸引更多人投入到对中国文化的学习和探索中，进而推动文化互通、共享。

2.2.3 价值观引领

价值观是个体基于客观和主观认知形成的价值标准和取向。对主体的思维模式、实践行为的发展具有深刻的影响与引导作用。审美价值观与价值观密切相关，价值观影响审美价值观的生成，审美价值观也能够引领价值观。在这个过程中，一种大度、开阔、积极、乐观、豁达、创新的现代性人格正在逐渐建立起来。集中表现为积极的审美态度、深度的审美能力和主流的审美意识等。通过审美价值观教育对价值观的引领，能够帮助艺术类大学生更好地适应多样且复杂的审美环境，更积极地参与审美实践，更有创造性地解决问题。

首先，审美价值观教育能够引导艺术类大学生树立积极的审美态度。积极的审美态度需要找到文化的立足点。新时代背景下，传承与弘扬中华优秀传统文化是培育正确的审美价值观的重要部分。从文化与民族的关系看，文化具有民族性，文化是民族的文化，文化的历史与民族的历史具有一致性；民族文化有自己的独特价值，而民族文化的独特价值只能通过各民族具体的社会、传统经历得到理解；文化是整合的，任何文化特质都必须首先依据它在某一特定的文化结构中所处的地位以及它与所属文化的价值系统等的关系加以解释和判断。

文化越是民族的，就越具有特色。我们要坚定文化立场，坚定文化自信。艺术类大学生的审美价值观之所以不同，归根结底是文化立场不同。中华优秀传统文化中含有超越精神的道家审美观、美与善相结合的儒家审美观；等等。传统的审美价值观都是以"人"为核心的，可见我国传统的审美价值观已经能够意识到人自身与人类解放的问题与困境。立足于传承中华优秀传统文化的立场，需要进一步提高艺术类大学生的审美文化素养，帮助艺术类大学生从感官化、世俗化、功利化的现实世界与网络世界中挣脱出来，形成正确的审美个性心理倾向。因此，在审美价值观教育过程中，从中国优秀的传统文化入手，能够培养端正的审美态度。

从艺术创作的层面来看，要培育艺术类大学生精益求精的艺术创作态度，如此，才能引导艺术类大学生创作优秀的艺术作品。习近平总书记在文艺工作座谈会上的讲话中提道："我同几位艺术家交谈过，问当前文艺最突出的问题是什么，他们不约而同地说了两个字：浮躁。一些人觉得，为一部作品反复打磨，不能及时兑换成实用价值，或者说不能及时兑换成人民币，不值得，也不划算。"[①]艺术类大学生浮躁的创作态度，是导致他们无法创造出优秀的艺术作品的主要原因之一。为提升艺术创作的质量，消解劣币驱逐良币的现象。这也对审美价值观教育提出了新要求。从浮躁的创作流程来看，导致这种现象的主要原因在于艺术创作主体急功近利的心态。

精益求精的艺术创作态度是追求卓越、不断超越的精神，旨在不断提升

---

① 中共中央宣传部. 习近平总书记在文艺工作座谈会上的重要讲话学习读本[M]. 北京：学习出版社，2015：10-11.

第二章 新时代艺术类大学生审美价值观的基本范畴

自身的艺术水平和文艺作品质量。审美价值观教育通过展示优秀的艺术作品，能够引发艺术类大学生的兴趣和激情，进一步激发他们内心的创作欲望，让他们愿意付出更多的努力和时间来追求卓越。审美价值观教育能够引导艺术类大学生批判性地欣赏艺术作品，并可以在艺术创作中不断反思和总结，从中找到不足之处并加以改进。可指导他们在创作过程中记录自己的思考和变化，帮助他们分析自己的创作方法和风格，逐步完善自己的创作过程。最重要的一点在于审美价值观教育为艺术类大学生提供了丰富的艺术资源，通过学习不同流派、风格的作品，他们可以逐渐培养出独立的审美眼光，能够从更宽广的角度去审视艺术作品。认识到艺术并不是孤立存在的，而是与社会、历史以及人类文化紧密相连的。这种全局的视角使得艺术类大学生能够更好地抵御急功近利的心态，能让他们明白艺术的真正魅力在于对人类情感、思想和历史的深刻反映，而不仅仅是获得迅速的经济回报。因此，审美价值观教育能够消解艺术类大学生浮躁的艺术创作心态，能够使艺术类大学生树立精益求精的精神。

其次，审美价值观教育能够提高艺术类大学生的审美感知能力与审美判断能力。艺术类大学生的审美价值观教育必须与审美教育紧密地集合起来，艺术审美、艺术创造作为一种实践活动，能够培养艺术类大学生的审美感受能力与理解能力，使他们在欣赏和创作艺术作品时能够更加敏锐地捕捉美的本质。刚步入大学的艺术类大学生缺少审美实践，他们的审美能力尚未成熟，在欣赏艺术美、创造艺术美的过程当中，易受消极价值观的影响。因此，审美价值观教育必须在增强理论教育的同时，注重对艺术类大学生进行审美实践的引导，在艺术审美活动中提升他们的审美感受能力和理解能力，推进形成稳定的、健康的价值观。

审美价值观教育强调理论与实践的结合，从理论的层面来看，深化审美理论学习有助于提升艺术类大学生的抽象思维能力、批判性思考能力、文本解读和分析能力。艺术类大学生需要了解艺术作品的历史、文化、社会背景，以及相关的美学、艺术理论。通过深入的学习，他们可以更准确地分析作品的表现手法、风格特点和艺术语言，使他们成为更有创造力和深度的艺术家和思考者。从实践的角度来看，艺术实践可以增强艺术类大学生的创造力、表现力以及问题解决能力。实践是理论的延伸，通过实际的创作和实践活动，学生可以将所学的审美理念付诸实践，并从中体验到审美的过程和价值。教育者可以组织创作工作坊、艺术实验、参观展览等活动，鼓励艺术类大学生参与其中，从而培养他们的创造性思维、实践能力和审美感知能力。通过艺术实践，艺术类大学生能够更加深入地体验艺术的魅力，从而提升他们的审美判断能力。

  与此同时，审美价值观教育鼓励跨学科的融合。跨学科融合的优势在于它能够将不同领域的知识和观点交叉结合，为艺术类大学生提供更广阔的思维空间。在教育过程中，将艺术、哲学、心理学、社会学等多个学科融合起来，可以使艺术类大学生从多个角度去理解和分析艺术作品。例如，通过哲学的思辨，可以深入探讨艺术作品背后的意义和价值；通过文化心理学的研究，深入探讨作品对人们情感的引发和共鸣机制，能帮助学生更深刻地体验和理解作品所传递的情感和情感背后的文化内涵等。这种跨学科融合可以帮助艺术类大学生建立更为全面的审美观，培养跨足不同领域的能力，从而提升审美判断的深度和广度。在培养审美感受能力方面，跨学科融合可以丰富艺术类大学生的情感体验和文化背景。综上，在审美价值观教育过程中，通过价值观教育与专业教育的融合、理论与实践的融合以及跨学科的融合，能够实现对艺术类大学生审美感受能力与判断能力的提升。

  最后，审美价值观教育能够帮助艺术类大学生树立主流的审美意识。审美意识是指个体或群体对美的感知、欣赏、评价和理解的能力和意识。它涉及对艺术、美学、美的特征和价值的认知，以及个体在面对不同形式的美时产生的主观体验和情感反应。审美意识在很大程度上影响了人们对于美的喜好、审美标准以及对于艺术、文化和设计作品的欣赏和理解。当前，世界之变、时代之变、历史之变正以前所未有的方式展开。

  习近平总书记在党的二十大报告中指出，中国坚持经济全球化正确方向，推动贸易和投资自由化便利化，推进双边、区域和多边合作，促进国际宏观

第二章 新时代艺术类大学生审美价值观的基本范畴

经济政策协调,共同营造有利于发展的国际环境,共同培育全球发展新动能。① 全球化背景下,我国的本土文化与世界的外来文化碰撞和交流日趋深刻,多元的文化会时刻冲击艺术类大学生的审美价值观。刚步入大学的艺术类大学生审美价值观体系并未成型,具有不稳定、互相矛盾等特点,比较容易受主体主观情绪、感官直观感受等影响,无法对审美进行深入思考。

在当今社会,艺术扮演着日益重要的角色,不仅为人们带来美的享受,还具有深远的现实意义。艺术类院校作为培养未来艺术家、设计师和创意人才的摇篮,引导艺术类大学生树立主流的审美意识至关重要。主流的审美意识不仅有助于塑造优秀的艺术创作,还能促进文化的弘扬与传承以及社会的和谐发展。艺术的价值在于其传达的内涵,而主流的审美意识是一个反映社会共识和文化脉络的重要因素。艺术类大学生若能在艺术创作过程中融入主流审美价值,他们的作品则更容易被人们接受与理解,也能通过艺术作品对大众审美进行正向引导。这并不意味着艺术类大学生应完全妥协于主流,而是在保持创意的同时,寻找与大众共鸣的方式,使作品更富有包容性和感染力。

艺术作品通常具有独特的文化符号和象征意义,能够反映出不同文化的思想、信仰、传统和历史。艺术是文化发展的一部分,它承载着时代的精神与价值观。通过引导艺术类大学生树立主流的审美意识,有助于传承和弘扬经典文化,使传统与现代相互交融,延续文化的生命力。艺术创作的主流审美意识往往会汲取历史、传统元素,以当代的艺术形式进行再诠释和创新,从而使这些文化元素得以传承,不被遗忘。这种传承不仅仅是对过去的致敬,更是为了将文化融入当下,赋予其新的生命力。艺术作品能够触动人们的内心,引发共鸣,也能传递积极的能量和价值观。所以,艺术作为情感与思想的表现形式,具有引导社会情绪和观念的力量。如果艺术创作脱离了主流审美,可能会产生过于个性化或偏激的作品,引发社会争议和分歧,例如,为了吸引人的注意力,艺术形式上搜奇猎艳、艺术主题上过度渲染社会黑暗面、

---

① 习近平. 高举中国特色社会主义伟大旗帜 为全面建设社会主义现代化国家而团结奋斗——在中国共产党第二十次全国代表大会上的报告[M]. 北京:人民出版社,2022:61.

艺术创作过程上机械复制等，都会引起一系列的负面影响。而引导艺术创作者树立主流的审美意识能够在一定程度上规避这些情况，使艺术更具凝聚力和包容性，从而促进社会的和谐发展。

审美教育需要重视培养艺术类大学生多样化的审美观，但这应该以主流审美意识为基础。在如今数字化网络高速发展的背景下，网络世界的娱乐性与虚拟性为人们提供了独特的审美享受，然而那些缺乏维度、深度和冲击力的广告和图示仅满足了人的感官娱乐需求，单一地反映客观事物的表象。在这样的环境中长期浸润，艺术类大学生的思维空间和想象能力会在一定程度上受到侵蚀，感官知觉逐渐占领着"静思默想"的圣地。艺术类大学生的审美观会逐渐变得平面化、庸俗化、多元化，从而逐渐失去对主流的审美信念的坚定信仰，为西方消极的审美文化留有了侵入的空间。

社会主义核心价值观作为新时代中国社会主流的意识形态，具有浓厚的时代性特征，为艺术类大学生审美价值观的培育提供了一定的思想基础。这些价值观强调爱国主义、集体主义、社会公平正义等核心要素，为艺术类大学生在创作中注入了积极向上的能量。艺术作品不仅仅是个人的表达，更是社会和时代的反映。因此，社会主义核心价值观可以引导艺术类大学生在创作中思考社会问题、传递正能量。然而，要注意的是，社会主义核心价值观并不应成为一种束缚，而是一种引导和启发。在多元的文化环境下，艺术的表达方式和审美观点具有广泛的可能性，不同的审美价值观也应该得到尊重和包容。因此，在培养艺术类大学生的审美意识时，需要在坚守社会主义核心价值观的基础上，鼓励他们去探索多样的创作方式，挖掘不同文化、思想传统的独特魅力。艺术类大学生应该坚定地选择并认同社会主义核心价值观，这并不是一种盲目的从众，而是在面对多元文化冲击的背景下，找到一种积极向上的价值判断标准。社会主义核心价值观不仅是审美价值观的引导，更是创作的精神动力，让艺术作品更具内涵和深度，更能够触动人们的心灵。

从课堂教学的角度来看，审美价值观教育应当紧密结合社会主义核心价值观的内涵，将之融入课程体系中。这可以通过课程设置、教材选择、教学方法等方面来实现。例如，开设关于社会主义思想、中华优秀传统文化的课程，引导艺术类大学生深入了解社会主义核心价值观的历史渊源和现实意义。

由于大部分艺术类大学生对政治性的观点、内容等存在着抵触情绪，所以必须潜移默化地将社会主义核心价值观以审美的形式注入艺术类大学生内心。在审美价值观教育过程中，高校可以基于艺术教学的现实状况将社会主义核心价值观自然地融入艺术实践活动中。同时，校园文化氛围建设是引导艺术类大学生树立社会主义核心价值观的重要途径。学校可以通过丰富多彩的文化活动，如艺术展览、音乐会、戏剧表演等，营造积极向上、崇尚真善美的氛围，来引导艺术类大学生树立主流的审美意识，使社会主义核心价值观内化为他们的行为准则。

2.3 新时代艺术类大学生审美价值观的特征

2.3.1 敏锐深刻的审美认知

从词语本身的构成来看，"认知"由"认"和"知"两个方面组合而成，即包括了"认识"与"知识"两个要素。认知涵盖了人的感官知觉、思维、想象等内容，它是人们理解和运用知识的完整过程。从心理学的角度来看，正是基于知识学习，人们才能形成对事物的认识。通过认知，人们能够获取客观对象属性及发展的基本规律等。从接收信息、解释信息、选择信息，再到最终形成记忆，这构成了认知作为一种内在心理活动的过程。

在学习的过程中，我们会经历各种认知过程，其中之一就是审美认知。审美认知作为一种在一般认知过程中发生的现象，具备了一般认知的特征。美来源于生活而又高于生活，生活中充满了美，审美认知能力是人们感受美的能力，能够让人们在日常生活中感知美的存在。生活中并不缺少美，而是缺少发现美的眼睛。这里的关键在于"发现"而不仅仅是"看见"，"发现"美则是审美、认知美的首要条件。审美认知包含丰富的内容和层次，它涉及理性与感性的有机结合，是人类极其复杂的心理结构。这种心理结构是通过人们的审美实践活动逐渐形成的，从某种程度上来说，认知影响着审美活动的进行。

艺术类大学生具有敏锐深刻的审美认知，它源自视觉、听觉、触觉等感知方式的敏感性，以及对情感、理念、文化等抽象元素的深刻理解。这种审美认知使得他们能够更好地理解、欣赏和创造艺术作品，同时也影响着他们对生活和世界的独特看法。依靠这种能力他们能够捕捉到平凡事物中的美感，发现日常生活中被忽略的细节，并从中汲取灵感。这种细致入微的观察力让他们的审美认知超越了表面，进入了更深层次的感知。敏锐深刻的审美认知也能够帮助艺术类大学生从艺术作品中读出更多的深层内涵。比如，在一幅画作中，他们可能会注意到每一个色彩的变化、线条的流动等，从而构建起对画作的深刻理解。他们深入分析作品中的符号、象征、隐喻等元素，将作品背后的情感、主题和思想逐一揭示出来。这种解读不局限于作者的意图，还能在不同背景和文化下获得多种解释。

一般来说，审美认知被视为人类感官的一种直觉，不同的人可能对美的理解和感受存在差异。随着对"美"这一主题研究的不断深入，关于审美认知的探讨也愈加深刻，逐渐改变了人们感性认知中的审美态度。感性与理性在审美领域中并非孤立存在，而是相辅相成的，他们共同塑造了个体对于美的感知与评价。在认知现实世界的过程中，理性往往占据主导地位，人们通过分析、推理和科学方法来理解事物。但是在审美过程中，感性扮演着主导角色。审美是一种情感驱动的体验，涉及个体对于事物外在形式、内在内涵以及情感表达的综合感知。美并非单纯地存在于事物本身，而是在个体情感与外部世界的交融中产生。

审美认知是人们对于艺术作品中形式元素（如色彩、线条和构图）的感知和理解，不仅仅停留在形式上的认识，更重要的是通过这些元素，可以引发观者内心深处的情感波动。通过观赏艺术作品，人能够从中感受到一种美的存在，因为在艺术审美实践活动中，人们基于对客观事物的认知形成了对于事物的审美评判和感受。这种判断受到文化、社会背景、个人经历等多重因素的影响。因此，同一件事物可能在不同文化背景下引发截然不同的审美反应。无论事物被认为是美的、是丑的，抑或无所谓美丑，这种对审美关系的诠释都源于人与客观之间的相互关系。

敏锐深刻的审美认知有助于提升艺术类大学生的创作能力，使他们能够在艺术领域中取得更为显著的成就。这种认知使他们能够将自己的感知、理解和情感转化为具体的艺术表达，创造出富有内涵和深度的作品，从而在艺术舞台上独树一帜。艺术创作是一种将内心世界与外在现实相融合的过程，而敏锐的审美认知能够让艺术类大学生更好地捕捉周围的美与情感。通过对事物细微之处的感知,艺术类大学生能够将普通的场景、对象转化为独特而充满情感的艺术作品。他们善于通过各种艺术形式的运用,如绘画、雕塑、音乐、舞蹈等,将内心的情感状态娓娓道来。

审美认知是审美价值观的重要组成部分,是艺术类大学生感知世界的必要途径。可以通过审美价值观的教育,从知识体系构建、增强情感体验、批判思维三个方向入手,培育敏感深刻的审美认知。通过学习各种不同的艺术形式,如绘画、音乐、文学等,艺术类大学生可以积累丰富的艺术知识,进而将这些知识融入自己的创作和欣赏中。历史文化的认知也能够帮助他们更好地理解作品背后的意义和价值。审美认知的提升使得艺术类大学生逐渐形成了批判性思维。艺术类大学生可以在审视艺术作品的过程中,理性地分析其优缺点,挖掘其中的价值和意义,明确地提出自己的见解和观点。这种批判性思维也能够帮助他们更好地理解作品的内涵,培养对不同审美观点的敏感性,从而形成更加丰富和深刻的审美认知。

2.3.2 个性突出的审美趣味

艺术类大学生作为艺术创作者,往往具备个性鲜明的审美趣味。艺术类大学生在艺术观念和理念方面的独特理解也塑造了他们的个性审美趣味。不同的艺术类大学生可能受到不同的艺术流派、艺术理论或创作思维的影响,会导致他们在创作和鉴赏中表现出独特的审美趣味。有些人可能崇尚现代主义的冷静、理性,更偏向于抽象和实验性的表达;而另一些人可能更倾向于传统艺术的情感丰富和故事叙述,更注重绘画的技巧和细腻。这种不同的艺术观念和理念在他们的创作中得以体现,也使得他们的审美趣味更为多元化和丰富。虽然个性审美趣味丰富了艺术领域,但也需要在教育和实践中加以引导和平衡。个性化的趣味不应成为创作者追求独特性而忽略艺术作品内涵、价值的借口。

个性化的趣味源于艺术类大学生独特的学习经历、情感体验和艺术观念,审美趣味深刻地影响着他们在创作和鉴赏中的选择和态度。探究艺术类大学生个性突出的审美趣味,有助于理解他们的创作动机、审美偏好以及其对于艺术领域的贡献。每个人的成长经历、家庭背景、文化环境都会对其审美观产生深刻的影响。艺术类大学生倾向于从审美的角度去感受和解读客观世界，形成独特的审美趣味。例如，一个成长在乡村的学生可能更容易在作品中表现田园风光和朴实情感，而一个在都市长大的学生则可能更倾向于表达现代都市生活的冷漠和喧嚣。可以看出，他们对于色彩、形状、材质等的偏好可能受到其所处文化传统的影响，从而会在创作中展现出具有独特个性的艺术风格。

当审美主体的趣味走出个体的精神性范畴，必然会衔接到社会群体的审美兴趣。个人的兴趣是指在特定领域内个体独特的、热切的兴趣和喜好，而社会性的兴趣则涉及个体与社会环境、群体关系之间的互动。这两种兴趣的关系对于塑造个体的身份认同、价值观以及参与社会的方式都具有重要意义。个体通过发展自己的兴趣，积极追求艺术领域的知识和技能，从而塑造出独特的审美品位和个人风格。他们可能对某些特定的艺术形式或主题具有浓厚的热情，并从中获得深层次的满足和成就感。这种个人兴趣的追求不仅帮助他们在艺术领域中有所建树，还有助于形成个体的身份认同和自我表达。个体在社会中生活和交往中，必然会受到社会环境和群体关系的影响。社会对于特定艺术形式和风格的偏好，社会对于艺术的价值观念和审美标准的塑造，都会对个体的审美兴趣产生影响。个体在社会中参与艺术活动，与他人分享兴趣和讨论，从中获得群体认同感和社会认可，可以进一步激发个人兴趣的深化和拓展。

因此，艺术类大学生的个人兴趣与社会性兴趣之间存在着复杂而相互影响的关系。个体通过培养自己的兴趣，塑造自己的身份认同和个人风格，同时受到社会的审美偏好和价值观念的影响。艺术类大学生应当在个人兴趣和社会性兴趣之间寻找平衡，既坚持自己的独立思考和审美追求，又能够与社会交往和互动，从中获得丰富的艺术体验和成长。这种平衡和整合将有助于艺术类大学生在艺术领域中实现个人价值的同时，为社会做出贡献。

艺术类大学生的个人兴趣不仅可以塑造其自身的成长轨迹，还能够在社会层面产生积极的影响。通过对艺术创作的不断探索，他们培养了独特的审美观和独立思考能力，这在解决社会问题时具有重要意义。艺术类大学生的独特审美观使他们能够看到世界的多样性和独特性。他们通过绘画、音乐、

第二章 新时代艺术类大学生审美价值观的基本范畴

舞蹈等艺术形式表达自己，同时也学会欣赏不同文化和价值观。这种开放的思维方式有助于促进社会的多元化和包容性，减少了歧视和偏见的发生。独立思考能力是艺术类大学生的重要特质之一。他们在创作过程中需要自己思考、决策，解决问题。这种思维方式不仅在艺术领域有用，还可以应用于社会问题的解决。他们能够提出创新的观点和解决方案，为社会发展提供新的思路和途径。

艺术作品常常能够跨越语言、文化和社会背景的界限。艺术类大学生通过自己的创作，可以在社会中建立起与大众的情感纽带，促进人与人之间的理解和沟通。这种共鸣有助于消除偏见和误解，推动社会和谐与包容，能够为社会注入正能量和美好情感。在纷繁复杂的社会中，艺术作品常常成为人们追求情感寄托的途径。一幅优美的画作、一首动人的音乐，甚至是一场感人的话剧，都能够激发人们内心的情感波动，带来愉悦和宽慰。所以，艺术类大学生通过自己的创作，能够为社会营造积极向上的氛围，促进人们的精神幸福感。

社会环境对艺术类大学生的审美兴趣产生着深远的影响。艺术不仅仅是一种创造性的表达方式，它还反映了时代的精神和文化趋势。历史上的许多艺术运动都在一定程度上受到社会环境的推动和影响。举例来说，19世纪末到20世纪初的印象派运动，以其对光线和色彩的独特诠释而引起轰动。这种风格的艺术作品强调捕捉瞬间的感觉和印象，与当时社会快速变化、工业化的节奏相呼应。这使得许多艺术类大学生受到印象派的吸引，进而将其融入自己的创作中。类似地，20世纪中叶的抽象表现主义运动，反映了战后社会情感的复杂性和混乱状态，成为那个时代许多年轻艺术家表达内心情感的方式；等等。

社会上热门的艺术领域或研究方向往往会受到更多的支持，这也会影响艺术类大学生在学术上的选择。当某种艺术形式在社会中引起广泛关注时，相关的课程、展览和项目也会相应增加。这种情况下，艺术类大学生更有可能被这些资源所吸引，从而培养出对这个领域的浓厚兴趣。但是，个人兴趣并非完全受制于社会环境。每个艺术类大学生都有着独特的审美和情感体验，这会影响他们对不同风格和题材的偏好。在艺术领域，每个人都有自己的故事要讲，自己的情感要表达。有些人可能受到大自然的启发，创作出富有生态关怀的作品；而另一些人可能深受城市生活的影响，表现出现代都市的快节奏和多样性。艺术类大学生的作品不仅仅是社会环境的反映，更是他们个人独特性格和经历的体现。这种多样性使艺术世界变得更加丰富多彩，为人们带来了各种各样的艺术享受和思考方式。每一位艺术家都在不断探索自己的风格和表达方式，从而为世界带来更多新鲜的艺术视角和感受。社会环境或许可以影响我们的思考，但真正独特的艺术灵感和创作，源于个人内心深处的激情和兴趣。

当然，个性突出的审美趣味也可能导致艺术类大学生面临一些挑战和问题。首先，过于强调个人性格可能使一些学生陷入情感狭隘的泥淖，难以接纳其他不同的观点和风格，从而限制了其审美视野的拓展。这种情况下，他们可能会错过宝贵的机会去学习和吸收其他文化的艺术元素，限制了自己的艺术发展。因此，培养宽广的心胸，积极尝试吸收新的观点和风格，对于个性突出的艺术类大学生来说尤为重要。过于个性化的创作可能会导致一些作品难以被广泛理解和欣赏，限制了作品的传播和影响力。

艺术类大学生也需要思考如何在表达个人特色的同时，找到与人们沟通的平衡点。这需要他们深入思考自己的创作目的以及如何运用各种艺术形式和元素来创造更具有包容性的作品。可以通过参与社会实践活动，了解人们的反馈和期望，进一步优化自己的创作方向。因此，在突出个性的基础上，培养开放的心态和包容的态度也是非常重要的。艺术是一门与人们情感和思想相联系的语言，只有真正与不同背景的人产生共鸣，作品才能够具有更广泛的影响力和传播力。对于艺术类大学生而言，不仅需要关注个人的审美特点，还需要不断地扩展自己的艺术视野，在个性与共性之间找到平衡，为自己的艺术创作赋予更多可能性。

2.3.3 开放包容的审美体验

随着社会的发展和多元文化的交融，艺术领域的审美观念也日益多样化，艺术类大学生通过开放包容的态度，不仅拓展了个人的审美领域，也为整个社会的审美观念注入了新的活力。艺术类大学生的审美体验首先体现在他们对多元文化的开放态度上。现阶段，不同地域、民族、文化的交流与碰撞日

第二章 新时代艺术类大学生审美价值观的基本范畴

益频繁,艺术领域也必然受到影响。艺术类大学生通过学习、创作和欣赏,更加愿意接受来自不同文化背景的艺术作品,将多元文化因素融入自己的审美体验中。在绘画、音乐、舞蹈等艺术形式中,艺术类大学生常常探索不同文化的元素,将其融入自己的创作中,创造出独特而丰富的艺术作品。

艺术类大学生在审美体验中表现出对不同观点和风格的包容性。艺术创作是个体情感与思想的表达,因此,不同的艺术家可能有着迥然不同的创作风格和观点。艺术类大学生在欣赏他人作品时,常常能够理解并尊重不同的艺术风格,即便与自己的审美观念不完全一致,也能够欣赏其中独特之处。这种包容性体现在对各种艺术形式的接纳,不论是传统还是当代、写实还是抽象,艺术类大学生都愿意去理解并接受,从中汲取灵感,拓展自己的创作思路。这种包容性并不意味着艺术类大学生缺乏对审美的独立见解。相反,正是通过对多样性的尊重和理解,他们更能够深化自己的审美理念,并从中获得深刻的反思。他们在探索不同观点和风格的过程中,不仅扩展了自己的审美视野,还能够更加准确地表达自己的情感和思想。

艺术类大学生的审美体验还呈现出对个体情感和体验的开放性。艺术作为情感的表达途径,能够帮助人们倾诉内心的情感、体验和思考。艺术类大学生在创作过程中常常敞开心扉,勇于表达自己的情感和体验,不拘泥于传统的框架和规则。他们的创作可能来源于生活中的点滴感受,也可能是对社会现象的反思,这种开放的表达方式使他们的作品充满个性和情感共鸣,引发人们深刻的情感共鸣。

艺术类大学生的开放态度延伸至审美标准,这也在一定程度上反映了他们对"不完美"的包容态度。与传统审美强调规范和完美相比,艺术类大学生在审美体验中更愿意拥抱那些带有独特气质和不完美之美的作品。他们能够透过作品表面看到隐藏的故事,感受其中流淌的情感,从而赋予审美体验更多的深度和内涵。在这个充满多元化和个性化的时代,艺术类大学生倡导着一种包容与尊重的审美观。他们意识到每件作品都是艺术家情感、经历和思想的表达,而这种独特性恰恰是它们的魅力所在。他们欣赏那些在视觉、听觉或情感上可能稍显不寻常,却能引发深思的艺术作品。这种开放态度也为创意和创新提供了广阔的空间,鼓励艺术类大学生敢于突破传统框架,探索新的艺术表达方式。

　　艺术类大学生对"不完美"的包容态度在某种程度上也反映了他们对于人性和生活本质的理解。他们相信真实和情感的流露胜过机械的完美，相信在那些看似不完美之处蕴藏着更为真切和深刻的情感。这种审美观念的转变不仅影响着他们的个人创作，还为整个艺术领域带来了新的活力。通过接纳不同的审美标准，艺术类大学生为审美世界增添了更多的色彩和可能性。

　　虽然艺术类大学生对开放包容的审美体验具有积极的一面，但也存在一些潜在的危害。首先在于对创新作品的热情可能减退。当艺术类大学生过于频繁地面对非传统的、不寻常的作品时，他们可能会逐渐变得麻木，对于新奇的艺术形式或观点失去了敏感性。这会导致艺术类大学生对于创新作品的反应变得冷淡，不再像之前那样产生强烈的兴趣和好奇心。过度开放的审美态度可能使他们对于作品的新颖性产生怀疑，因为他们已经习惯了在大量的非传统作品中寻找新意。这可能导致一些本来具有创新意义的作品被忽视或低估，因为人们不再轻易相信作品的独特性。

　　审美麻木可能造成审美经验的贫乏。当艺术类大学生习惯于接受各种各样的不同风格、形式和内容的作品时，他们可能会失去对于深入探究作品内涵的兴趣。从社会的角度来看，艺术市场和产业也可能受到影响。审美麻木可能导致市场上充斥着大量相似的作品，因为艺术类大学生可能会倾向于迎合人们已经麻木的审美品位，从而减少了创新和多样性。这会导致作品的价值被稀释，整个艺术市场的生态也可能受到扭曲。

　　其次，过度的开放包容可能会导致艺术类大学生审美标准的降低。尽管在教育中鼓励艺术类大学生接纳不同的审美观和风格，但如果强调过多"不完美"的美，可能会带来一些负面影响，其中之一便是作品质量的下降。在追求开放包容的审美体验时，忽视作品的质量可能成为一种风险。对于审美的开放包容应该建立在艺术品的基本质量和技艺上。将太多的重心放在接纳多样性上，而忽视了技术和表现力的提高，艺术品可能会显得粗糙和不成熟。

　　这会削弱作品的艺术价值，使其难以被人们真正欣赏。开放包容的过度强调还会导致一些艺术类大学生放弃努力追求卓越。如果他们觉得只要表达自己，无论质量如何都可以被接受，就可能失去对艺术创作的追求。这可能

第二章 新时代艺术类大学生审美价值观的基本范畴

会阻碍他们的潜力发展，影响他们未来的职业发展。忽视作品质量也可能损害艺术领域的声誉。人们和评论家认为艺术品的质量降低，整个艺术界可能会受到负面影响，人们可能会对艺术失去兴趣，不再尊重艺术创作者的努力。

最后，开放包容的态度可能导致作品的价值变得模糊不清。传统的审美标准有助于区分高质量的作品和普通作品，但过于包容可能使这种区分变得困难，从而影响艺术类大学生对艺术作品的价值判断。审美价值判断是一项复杂而关键的任务。传统的审美标准通常通过一系列准则来衡量作品的创意、技术和表现力，从而区分高质量的作品和普通作品。然而，随着开放包容的审美态度的崛起，这种价值判断的准则似乎变得模糊不清，给艺术界带来了一些混淆和挑战。尽管独特性是作品吸引人的一大特点，但它并不是衡量作品质量的唯一标准。

作品是否技术精湛、表现力是否深刻以及是否能够引发人们共鸣等，都是影响作品内在价值的重要因素。过于关注独特性可能使人们忽略这些关键要素，导致作品的价值被高估或低估。不同人对于作品的喜好和看法存在差异，这在一定程度上是可以理解的。过于强调每个人的主观感受，可能使人们认为任何作品都可以被赋予各种各样的价值解读，从而模糊了对作品本身内在价值的认识。价值相对主义可能使人们逐渐丧失对于作品的客观评价，造成价值判断的混乱。

为避免开放包容的审美态度所带来的创作热情减退、审美标准降低、价值模糊等问题，审美价值观教育应在开放包容的基础上，注重基本技能和知识的传授、批判性思维的培养以及重视创作动机的引导，以帮助艺术类大学生建立坚实的艺术基础，同时保持创作的激情和追求。这样，他们可以更全面地发展自己的审美观念，提高作品的质量，为艺术领域的进步和多样性做出贡献。

第三章 新时代艺术类大学生审美价值观的生成机理

在新时代背景下，教育不再仅仅是传授知识，更加关注培养学生的全面素养和正确的价值观。为全面提高人才培养质量，着力造就拔尖创新人才，增强教育服务创新发展能力，要不断坚持和加强党对高校教育事业的领导，落实立德树人根本任务。美育是高校教育的重要组成部分，其核心在于培养学生正确的审美价值观。艺术类大学生作为文艺工作的后备军，肩负着传承中华文化、塑造民族精神的艰巨使命。

3.1 新时代艺术类大学生审美价值观的生成原则

新时代的艺术类大学生的审美价值观更加多元化、开放和反映时代特点。他们更愿意探索新的艺术领域，将艺术与社会、技术、环境等多个维度相融合，以创造出更具深度和多样性的作品。审美价值观的多样性和适应性将继续为艺术世界注入新的活力和创造力。新时代高校教育需要重视艺术类大学生的审美价值观教育。在审美教育过程中，需要遵循政治性与学理性统一、价值性与知识性统一、理论性与实践性统一的原则，引导艺术类大学生树立积极的审美价值观。

3.1.1 政治性与学理性统一

在 2018 年召开的全国教育大会上，习近平总书记第一次提出，培养什么人的问题是教育的首要问题，并指出新时代中国特色社会主义教育的发展应培养德智体美劳全面发展的社会主义建设者和接班人。在党的二十大报告中，习近平总书记再次强调了"培养什么人、怎样培养人、为谁培养人是教育的根本问题。"文艺在社会发展中扮演着不可或缺的角色，不仅承担着为党育人、为国育才的崇高使命，更是社会主义文艺创作和发展的基础和支撑。艺术类大学生作为文艺工作的主力军，自然也是社会主义的建设者和接班人，其审美价值观培育直接影响艺术作品的创作质量，反映民族与国家的文化创造水平。为引导艺术类大学生创作出无愧于时代的艺术作品，审美价值观教育既要考虑到当前社会和政治背景，又要保持理性、客观的教育方法，在审美价值观教育中遵循政治性与学理性的统一。

所谓政治性，就是由正确政治方向、政治原则、政治立场、政治观点所体现出来的鲜明价值属性；所谓学理性，就是蕴含于思想政治理论教育中的学科专业知识和理论逻辑。政治性与学理性的统一在艺术类大学生的审美教育中具有重要意义。政治性的要求让艺术类大学生更加关注社会的权利结构和政治体系，引导他们积极参与公共事务，并将艺术作品视为表达政治立场和社会关切的媒介。这有助于培养具有社会责任感的艺术家，他们的作品不仅令人陶醉于美，还传递了社会的声音和情感。

学理性的要求强调了专业知识和理论逻辑的重要性。通过深入研究艺术领域的理论和历史，艺术类大学生可以更好地理解和创造具有深度和内涵的艺术作品。这有助于提高他们的创作水平，使他们的作品不仅美观，还具有丰富的文化底蕴和学术价值。综合政治性和学理性，艺术类大学生在审美教育中将更全面地发展自己。他们不仅能够塑造富有表现力的艺术作品，还能够通过这些作品传达社会的关切和价值观。这种综合性的教育有助于培养具有艺术家精神和社会责任感的新一代艺术家，为社会文化的传承和发展贡献更多的力量。

审美价值观教育作为一种文化教育方式，在塑造个体的价值观和思维方式方面具有重要作用。政治性和学理性作为社会发展和个体成长中的两个重要维度，如何在审美价值观教育中实现统一，成为一个值得探讨的议题。审美价值观教育是培养艺术类大学生对美的感知能力和审美取向的过程，不仅影响个体的审美品位，还与社会文化、政治意识等紧密相关。政治性与学理性的统一是指在审美价值观教育中，将政治因素与学理因素有机结合，以促进个体审美能力的全面发展，构建一个既符合社会发展又具有学理深度的审美观念体系。这一理念的推进旨在培养具有社会责任感和批判思维能力的审美主体，从而推动社会的和谐与进步。

审美价值观教育应当强调政治性因素的引导。审美并非孤立于社会和政治环境之外的现象，反而与之相互渗透、相互作用。社会、政治和文化的变革都能够在审美价值观中找到对应的影响痕迹。通过审美教育，个体能够更为敏锐地捕捉到这些影响，从而拓宽对社会变迁的理解。不同政治文化和社会背景形成了多样的审美表达方式，这体现了人类的多样性。通过深入学习和了解不同文化背景下的审美，个体可以更好地理解他人的视角和价值观，从而促进社会的包容与交流。这需要培养艺术类大学生对于跨文化的敏感性和包容性，使他们能够更好地理解和欣赏多元的审美形式。

在审美教育中，除了培养艺术类大学生对于审美对象的感受和情感外，还要注重学理性因素的培养。学理性强调的是对于艺术作品、文化现象、自然景观等理论性、科学性内容的深入理解和把握。艺术类大学生可以通过学习美学原理，了解不同艺术流派的特点、历史背景以及作品背后的创作动机和意图；等等。这种深入的学理性分析能力能够帮助艺术类大学生逐渐摆脱对于主观情感的过于依赖，可以在理性的引导下，更全面地理解和评价作品的价值。在审美价值观教育中，应当引导艺术类大学生深入思考作品背后的社会问题，激发他们关注社会发展、参与公共事务的积极性。这样的教育能够使审美价值观与社会责任感相统一，推动审美教育的深入发展。这种深度的理解不仅丰富了个人的审美体验，也有助于培养批判性思维和终身学习的能力。

推进政治性与学理性的统一，不仅需要跳出传统教育的束缚，还需要积极创新教育方法，让艺术类大学生在多样化的教育形式中更好地理解和体验美。实践活动是将政治性与学理性统一的有效途径之一。通过参与各种艺术、文化、社会活动，艺术类大学生可以亲身感受到美在生活中的存在和影响。例如，组织社区义工活动、参观艺术展览、举办文化交流活动等，不仅能让艺术类大学生在生活中有意识地挖掘美，还能培养他们的社会责任感和团队合作精神。在这些实践活动中，艺术类大学生不仅可以感受美的外在表现，更能深入思考其中的政治、历史、社会背景，从而将政治性与学理性融合于美的体验之中。

3.1.2 价值性与知识性统一

习近平总书记强调指出,"要坚持价值性和知识性相统一,寓价值观引导于知识传授之中"。在知识教育向素养教育转变的背景下,学科核心素养重新界定了教育教学的知识重点和价值取向。不仅仅追求知识的传授,更注重培养学生的综合素质和能力。知识是人们在认识世界、改造世界的实践中获得的认知和经验的总和,具有开放性、多样性、生长性等特征。价值是反映主客体关系的范畴,是客体对主体需要的满足,体现主体对客体的态度和价值观念。在教育的广阔领域中,知识与价值之间存在着深刻而复杂的关联。这种关联涉及个体的认知和道德层面,影响着人们的思维方式、行为准则以及社会互动。知识和价值在教育中不是孤立存在的,而是相互交织、相互影响的要素。知识性和价值性相统一是教育教学的基本规律,两者共同存在于课程教学过程之中。审美价值观教育作为教育的重要部分,坚持知识性和价值性相统一有助于积极的审美价值观的培育。

在审美价值观教育过程中,知识与价值紧密相连,相互影响,共同塑造了个体的审美鉴赏能力。知识与价值在审美价值观教育中的关联体现在多个方面。从知识对于价值的影响来看,知识为价值提供了基础。审美价值观的形成需要一定的背景知识,包括艺术史、文化传统、审美理论等。了解关于艺术的基础知识能够为艺术类大学生提供更全面的艺术解读。以文艺复兴时期为例,了解该时期社会、政治和宗教背景,可以更好地理解那个时代艺术家所表达的观点和情感。例如,达·芬奇的《蒙娜丽莎》不仅仅是一幅美丽的肖像画,它还承载着文艺复兴时期人文主义思想的精髓,对人性、自然和知识的追求。因此,对于基础理论知识的学习能够帮助艺术类大学生了解不同的文化传统,这对于培养开放的审美视野至关重要。

知识影响审美价值判断。个体的审美判断受到其所掌握的知识影响,知识越丰富,审美判断越趋向于客观和理性。知识赋予了艺术类大学生更为丰富的观察视角。拥有一定知识储备的个体能够更深入地理解作品的历史背景、文化内涵、创作意图等,从而更全面地把握艺术作品所表达的信息。在欣赏一幅古典绘画时,了解创作者的生平和社会环境能够帮助人们更好地理解作品中蕴含的情感和思想，从而更准确地进行审美评价。对于知识的学习能够培养个体的敏感性和品位。接触不同类型的艺术作品，了解不同艺术流派和风格，可以让人们逐渐培养出更高层次的审美品位。通过学习艺术史和艺术理论，个体可以更好地辨识不同时期的艺术特点，从而更准确地分辨出优秀作品与平庸之作。

从价值观对于知识的影响来看，在审美价值观教育过程中，价值观塑造了对美的认知框架，价值观影响着个体对于知识的选择和关注。不同的价值观会导致艺术类大学生对不同类型的知识产生兴趣。一个强调实用主义的价值观可能会使艺术类大学生更倾向于追求与职业技能相关的知识，而一个重视人文关怀的价值观可能会使个体更愿意探索艺术、文学等方面的知识。因此，在审美教育中，培养积极、丰富的价值观可以帮助艺术类大学生更全面地理解和吸收多样化的知识。

对于艺术类大学生来讲，价值观在艺术创作和表达中起到至关重要的引导作用，直接决定了艺术类大学生能否创作出优秀的艺术作品。艺术创作不仅仅是技术的展现，更是内心情感和个人信仰的呈现。价值观为艺术创作提供了指引和灵感。艺术创作者的价值观会影响他们选择的题材、色彩运用、构图方式等方方面面。一个重视环保的艺术创作者可能会通过作品表达对自然界的热爱与关切，而一个强调人性问题的艺术创作者则可能关注社会中的不公和人与人之间的情感交流。这些不同的价值观贯穿在作品的每个细节中，使作品更具深度和内涵。优秀的艺术作品往往能够触动人们的内心。当艺术创作与人们的价值观相符时，作品就能够产生更为深远的影响力。因此，艺术类大学生在创作过程中需要审视自己的价值观，思考自己想要表达的信息以及对社会、人类和生活的态度。通过这种深入的思考，他们可以更好地将内心的情感和观点转化为作品中的线条、色彩和形状。

在审美价值观教育过程中，如何推进知识与价值的统一是一个关键问题。这需要从多个方面综合考虑。从顶层设计层面来看，课程设置是推进知识与价值统一的基础。在审美价值观教育中，应当融入丰富多样的课程内容，涵盖艺术、文学、哲学、历史等多个领域。通过学习不同领域的知识，艺术创作者可以深入了解不同时代、不同文化下的审美观念。在课堂上还要注重引导艺术创作者思考美的本质、价值以及与人类文化、社会的关系，从而培养他们更深刻的价值观念。艺术类大学生普遍具有鲜明的个性，为提升受教育实效，必须要正视其人格特性，做到因材施教。

3.1.3 理论性与实践性统一

对于培养艺术类大学生的正确审美价值观，需要从他们的审美经验和实践出发，并通过理论启蒙进行引导。仅仅进行理论灌输是不够的，必须将理论与实践相结合，以检验和深化理论。理论启蒙对于培养正确的审美价值观至关重要。艺术类大学生需要了解审美概念、美的标准以及不同文化和时代的审美观念。这种理论基础可以为学生提供一个框架，帮助他们更好地理解艺术作品，并形成自己的审美观念。

理论知识的单纯传授通常不足以使艺术类大学生真正理解和内化审美价值观。实践是理论的基础，是理论得以应用并得以检验的唯一途径。艺术类大学生的审美价值观集中体现在他们的行为实践上，实践引导在审美价值观培育过程中扮演着重要角色。所以，审美价值观培育不能只停留在对理论知识的理解和掌握上，还需要在实践中不断深化。实践是检验真理的唯一标准，在实践中才能将审美理论转化为审美经验、情感和判断，增强学生感受力，形成正确的、稳定的审美价值观。

从课堂教学角度来看，建立完善的课程体系对于培养艺术类大学生的基本理论知识和审美价值观至关重要。在这个体系中，艺术史和艺术理论等课程被视为必修课程，因为它们构成了艺术类大学生的基础理论。艺术史课程为学生提供了对艺术发展历程的全面了解。通过学习不同历史时期和文化背景下的艺术作品，艺术类大学生可以掌握艺术的演变过程，从中汲取启发和经验。此外，艺术史课程还有助于他们理解艺术与社会、政治和文化的互动关系，培养他们对文化多样性的尊重和欣赏。艺术理论课程为艺术类大学生提供了分析和理解艺术作品的工具。通过学习不同的艺术理论流派和方法，艺术类大学生可以探讨艺术的含义、目的和表现形式。这有助于他们更深入地理解艺术创作的背后逻辑，以及艺术家如何传达思想和情感。

加强审美实践，要在实践中引导艺术类大学生欣赏美、创作美。艺术作品中所蕴含的美不仅在于其造型美、结构美，还在于它所具有的审美价值、思想内容和情感体验。在艺术作品中，每个人都是这个世界的"主人公"，人的生存方式、生存状态以及人的情感体验都构成了艺术类大学生审美价值的基础和依据。加强审美实践，不仅是为了培养艺术类大学生的审美素养，更是为了引导他们在艺术创作和欣赏中深刻体验美的多重维度。美的概念在不同人群中可能有不同的定义和解释，但在艺术中，美是一种超越语言和文化的共通情感，它在每个人的心灵深处唤起共鸣。

　　审美实践鼓励艺术类大学生探索艺术作品中的审美价值、思想内容。艺术作品往往承载着艺术家对社会、人性、生活等诸多主题的思考和表达。通过分析艺术作品背后的意义，艺术类大学生可以深化对艺术的理解。在审美实践中，艺术类大学生可以学会倾听自己的内心，表达自己的情感，与艺术作品互动，从而更加深入地感受到美的存在。最重要的是，审美实践应该强调个体的体验和感受。每个人都有自己独特的审美观点和情感体验，这些都是宝贵的。艺术作品应该被看作是与人们对话的媒介，而不仅仅是一种被动的接受。在欣赏和创作艺术作品时，要鼓励艺术类大学生积极表达自己的看法和情感，这样他们才能真正成为艺术作品中的"主人公"。

　　艺术源于生活，而生活也在不断地影响和滋养艺术。要培养艺术类大学生的审美价值观，唯有深深扎根于社会实践。引导艺术类大学生在实践中关注现实生活，体察情感的变化，领悟美的真谛，是提升他们审美素养的重要路径。审美价值观的培育绝非只停留在理论知识的传授和认知层面。虽然学习美学理论是必不可少的，但让艺术类大学生在具体的艺术作品中感知美、在现实的社会环境中领悟美、在实际的艺术创作实践中创造美同样至关重要。这种理论与实践的结合，才能使审美价值观在艺术类大学生心中生根发芽。

　　为了实现这一目标，学校应积极搭建起"第二课堂"的平台，以丰富多样的形式来拓展艺术类大学生的审美视野。这个平台可以提供丰富多样的社会实践机会，如组织艺术类大学生参观画展、音乐会、舞台剧等艺术活动，让他们亲身感受艺术的魅力。在艺术创作方面，学校可以鼓励学生参与社会问题的艺术探索，引导他们将眼光投向社会现实，从中汲取灵感，创作出具有深刻思考和情感表达的作品。此外，学校还可以与社会艺术机构合作，为艺术类大学生提供展示作品的平台，让他们的创作能够与更广泛的人们互动，

第三章 新时代艺术类大学生审美价值观的生成机理

从而获得更多的反馈和启发。

在审美价值观的培育过程中,既要重视对传统审美价值的传承与发扬,又要重视对现代审美价值的创新与发展。中国特色社会主义文化植根于中华优秀传统文化的沃土,中华优秀传统文化是中国特色社会主义文化的坚实根基和重要源泉,离开中华优秀传统文化的滋养,中国特色社会主义文化就会丧失创新发展的根基。中华优秀传统文化自来就是文艺创作的宝库,现阶段中华优秀传统文化的弘扬已经成为艺术创作者的艰巨使命。在多元文化交流互通的今天,坚定的文化自信是发出中国声音、在国际舞台上崭露头角的关键,越是民族的文化越具有代表性。

对传统文化的继承与弘扬不能只停留在理论认知层面。对于艺术类大学生来说,将其概括、提炼,并应用于艺术作品之中,才能发挥继承与弘扬中华优秀传统文化的重要作用。高校教育是引导艺术类大学生学习中华优秀传统文化的主要阶段。如京剧、绘画、书法等艺术,艺术类大学生在学习过程中能够感受其优美悠扬的唱腔、生动传神的山水画、笔走龙蛇的书法形式;等等。在传统文化环境中的熏陶下,他们能够自觉树立传承传统文化的审美意识。与此同时,传承中华优秀传统文化固然重要,但不能将艺术视野只局限于此,要以开放包容的审美态度,学习西方文化,取其精华、去其糟粕。只有如此,才能实现中华优秀传统文化的创新性发展、创造性转化。

审美价值观作为个体对美的认知、情感和评价的集合,不仅是文化传承的重要组成部分,也是个体与社会互动的桥梁。情感沟通作为一种情感交流的方式,能够深化审美体验,促进艺术类大学生对美的理解和感受,从而实现理论和实践的无缝衔接。通过情感沟通,教师可以以情感为媒介,将理论知识与情感体验相结合,使艺术类大学生更加深入地理解和感受所学内容。举例而言,在文学教育中,教师可以通过朗读或讲解文学作品背后的情感和意义,引导艺术类大学生与作品产生情感共鸣,从而加深对作品内涵的理解。

情感沟通有助于激发艺术类大学生的创造力。审美教育不仅仅是对已有美的认知,更包括对创新、变革的理解与追求。情感沟通可以激发艺术类大学生内在的情感表达和创造力,使他们能够将个人情感与所学知识相结合,创造出新的审美体验和作品。审美价值观的形成是一个长期的过程,需要不断地思考、体验和反思。通过情感沟通，艺术类大学生可以在情感共鸣的基础上形成深刻而稳固的审美价值观。情感的参与使得审美体验更加深刻和持久，从而为艺术类大学生树立起更加稳定和坚定的审美信念。

3.2 新时代艺术类大学生审美价值观的内生机制

无论是从社会的视角还是从个体的角度来看，审美都是一种普遍存在的精神需求。作为一种需求，不仅需要现实性的满足，还需要通过教育来引导人们树立合理的需求。在教育的框架下，个体能够通过思想政治教育、实践活动和教育者的引导与自我教育，逐步形成独特的审美观，满足自身审美需求，并为社会审美价值的传承做出贡献。在艺术类大学生的审美价值观形成过程中，教育在其中扮演着关键的角色。这种审美的培养和生成不仅依赖于审美价值观教育及其实践活动，还需要教育者的引导和自我教育的参与。审美价值观的生成机制涵盖了审美需求、审美取向和审美意象三个方面。个体的审美需求是起点，驱使他们主动寻求美的体验。审美取向是在个体的感性积淀和价值认同的影响下形成的，影响了他们对不同类型美的偏好。审美意象是个体对美的感性体验和情感共鸣的表达，可以通过艺术等形式传递出去。因此，想要培育积极的审美价值观需要从审美需求、审美取向、审美意象三个方面着手。

3.2.1 正视艺术类大学生个性的审美需求

所谓的"个性"是指在一定的社会条件和教育影响下形成的，一个人的比较固定的特性。艺术类大学生普遍具有鲜明的人格特性，这与他们的学习环境息息相关。审美教育强调自由表达和个体独特性的发掘，其课程更注重培养艺术类大学生对于世界、情感和思想的独立见解。相比之下，一些传统学科可能更加侧重知识的传递，较少注重个体情感和思维的独立表达。为引导艺术类大学生创作出优秀的艺术作品，审美教育要注重培养他们的创造性思维。创作过程需要艺术类大学生不断思考和探索，这种创造性思维的培养，不仅使他们在艺术创作中独具慧眼，也可能使他们在面对问题时提出创新性的解决方案，从而在个性上更为突出。

在审美教育中，经典艺术作品的赏析是提升艺术类大学生审美的主要路

第三章　新时代艺术类大学生审美价值观的生成机理

径,能够提升艺术类大学生的审美体验。审美体验的深化影响了艺术类大学生的人格特性。他们在长时间的艺术实践中,不断与各种形式的美感元素接触,对于色彩、形状、音乐、表达等因素产生更敏感的感知。这种深入的审美体验影响了他们的情感表达和世界观,进而塑造了他们独特的审美观和个性。与之相比,普通大学生可能在审美体验方面没有接受过如此深入的培养,因此他们在个性上可能没有艺术类大学生那样的独特性。艺术类大学生作为特殊的学生群体,在个性需求方面表现出一系列独特的特点和追求。他们所追求的个性需求在一定程度上受到艺术创作和审美体验的影响,同时也受到个体内在特质、社会环境等多方面因素的交织影响。

首先,创作是艺术类大学生进行自我探索的方法之一。他们通过创作来审视内心的情感,反思生活的意义,以及探索身份和存在的内在层面。在创作过程中,他们会将个人情感和经历融入作品,创造出能够触动人心的作品。这种自我探索的过程既是情感的释放,也是内在世界的显现,帮助他们更好地理解自己,从而实现心灵的平衡与成长。自我表达也是艺术类大学生与外界沟通的方式。通过艺术作品,他们能够将自己的内心感受和思考传递给人们,与人们分享情感,唤起共同的体验。这种沟通方式远远超越了语言的限制,能够在不同文化背景下引起共鸣,从而打破文化和语言的隔阂。

其次,艺术类大学生追求独特性,他们倾向于透过自己独特的审美眼光去感知世界,挖掘不同于主流的美感。这使得他们能够在创作中展现出更加独特的视角,带来新颖的表现形式。独特性是艺术的本质。艺术类大学生追求独特性是因为他们意识到艺术的真正价值在于独特性。艺术作品是一种独特的表达,它反映了艺术家的个性、经历和观点。这种个性化的表达是艺术作品与其他形式的创作区别开来的关键。因此,艺术类大学生倾向于追求独特性,以使他们的作品脱颖而出,成为独一无二的艺术品。追求独特性是创新的驱动力。艺术类大学生常常尝试新的技术、媒介和表现形式,以寻求新的艺术语言和视角。这种创新精神正是因为他们渴望在艺术领域中做出独特的贡献。通过创新,他们能够突破传统的界限,开辟新的艺术领域,从而实现独特性的表达。

追求独特性也是对自我表达的需求。艺术是艺术创作者表达自己内心情感、思想和观点的重要媒介。艺术类大学生追求独特性是因为他们希望通过艺术作品真实地表达自己，并与观众建立深刻的情感联系。这种自我表达的追求使他们在创作中不断探索，以找到最适合自己的艺术语言。观众渴望看到不同寻常的、独特的艺术作品，因为它们常常能够触发深刻的情感和思考。独特性使作品与众不同，从而更容易引起观众的注意和欣赏。

最后，创造性是艺术类大学生的一项重要的个性需求，在艺术创作过程中扮演着至关重要的角色。这种追求创新、展现个人独特视角的欲望，不仅丰富了艺术作品的内涵，还塑造了他们自身的独特个性。创造性的追求催生了艺术类大学生大胆地尝试和实验。他们渴望通过不断尝试新的艺术形式、材料和技巧来创造出独特的作品。艺术类大学生可以挑战传统的艺术界限，将不同的元素融合到作品中，产生新的艺术语言和风格。这种勇于创新的精神使他们敢于冒险，不断寻求新的表现方式，从而在作品中体现出创造性的特质。创造性的需求也鼓励艺术类大学生将想象力与现实结合，创造出独具个性的作品。这种将想象力融入现实的创造性追求，为他们的作品注入了生动的力量和深刻的内涵。

艺术类大学生在个性审美需求方面的追求，虽然强调了个体独特性和创意表达，但是这种趋势也可能带来一些负面影响。过于追求个性审美可能导致审美标准的混乱。在传统的审美观念中，人们通常有一些共同的认知和价值观，从而形成一种审美共识。如果每个人都过于强调个性审美需求，审美标准可能会变得模糊不清，难以形成稳定的艺术评价体系。这可能会使艺术作品的评价变得主观化，影响作品的质量和艺术的传承。艺术与社会、文化是相互联系的，它能够传递情感、思想和价值观。如果艺术类大学生过于关注个人的审美偏好，可能会陷入自我封闭的艺术创作中，无法与人们产生共鸣。在艺术领域，传统的技法和知识积累是非常重要的。如果学生过于关注表现个人的独特性，可能会忽视艺术基本功的培养和技术的提升。这可能导致他们在艺术创作中陷入瓶颈，难以取得更大的进步。

人的本质是一切社会关系的总和，在社会中，人们时常需要调整自己以适应新环境。这一过程既涉及外在行为的改变，也包括内在态度的调整。适应并非消极地退让，而是积极变通。面对不断变化的客观世界，僵化固执会使艺术类大学生失去应对挑战的能力。但适应也并非盲目顺从，过分迎合他人，失去自我，同样是不明智之举。适应的真谛在于平衡，既保持独立思考，又在必要时作出灵活调整。适应能力反映了艺术类大学生的智慧和灵活性。适应社会并非一劳永逸的过程，而是随着社会环境的演变而不断调整。不仅有助于个人的生存，也推动社会的进步。值得注意的是，适应并非让艺术类大学生放弃个性。相反，它鼓励艺术类大学生在变革中保持真实。在这个过程中，艺术类大学生有机会重新审视自己的信念和目标，不断完善和成长。高校教育就是艺术类大学生的社会化过程，审美价值观教育作为教育的重要内容，为使得艺术类大学生能够更好地融入社会生活，必然要正视他们的个性的审美需求。

3.2.2 关注艺术类大学生正确的审美取向

在审美价值观教育中，关注艺术类大学生的正确审美取向具有重要意义。艺术类大学生的审美取向直接影响他们的创作能力和对艺术的贡献。正确的审美取向可以帮助他们发展独特的艺术观点和品位，提升艺术创作的深度和内涵。艺术类大学生可以更好地理解和参与到社会和文化的发展中，为艺术领域和整个社会带来积极的变革和进步。在审美价值观教育过程中，关注艺术类大学生正确的审美取向有助于培养他们的审美素养。审美素养是一个人对于艺术作品的深刻理解和敏感感知，它不仅是一种能力，更是一种生活方式和思维方式。正确的审美取向有助于培养艺术类大学生的审美敏感性。审美敏感性是对艺术作品的敏锐感知和深刻理解。通过培养对不同艺术形式和风格的敏感性，学生能够更好地欣赏、理解和解析艺术作品。这种敏感性有助于他们更全面、更深入地探索艺术领域，提高自己的艺术水平。艺术作品的审美标准不仅仅是主观的情感体验，还包括对艺术的历史、文化和社会背景的理解。

正确的审美取向有助于塑造艺术类大学生更高的审美追求。艺术作品往往引发他们的思考和讨论，不再仅仅被表面的美貌所吸引。相反，他们能够深入挖掘作品背后的思想和意义，这种思考能力对于解决复杂的社会和文化问题也大有裨益。通过培养正确的审美观，艺术类大学生能够更全面地理解艺术作品。这种深度思考有助于他们建立更为综合和深刻的艺术理解，提高了他们的审美水平。艺术类大学生会更加关注生活中的细节，更注重品位和品质。他们可能更倾向于选择高质量的产品和体验，从而提升了生活的质量。他们可能会对美学细节、空间布局、色彩搭配等方面更加敏感，使自己的生活环境更具艺术感。

正确的审美取向也有助于艺术类大学生形成独立的审美观点和品位。每个人的审美观点都是独一无二的，它受到个体的文化背景、生活经验和教育影响。通过深入研究和实践，他们可以逐渐发展出自己的审美取向，理解自己的审美喜好，并与他人进行深入的艺术讨论。通过深入学习、亲身体验、与他人交流和不断反思等，可以培养出深刻和独立的审美理解，这将成为艺术类大学生在艺术领域和生活中取得成功的重要基础。正确的审美取向不仅仅是个体的品位，更是对艺术的深刻理解和欣赏，是对世界多样性的尊重和认知，对个人成长和社会进步都具有深远的影响。

艺术类大学生的审美取向对于他们的职业发展和自我认同至关重要。在如今竞争激烈的艺术行业中，拥有独特的创作风格和艺术形象是脱颖而出的关键因素之一。要达到这一目标，他们需要建立正确的审美取向，这将有助于他们在艺术创作和职业生涯中迈出成功的步伐。每个艺术类大学生都有自己独特的视觉感知和审美标准，通过深入研究和理解不同的艺术流派、风格和技巧，他们可以逐渐找到自己的创作风格。这不仅有助于他们在作品中表达自己独特的观点和情感，还能够吸引人们的注意，使他们在艺术界脱颖而出。

艺术类大学生正确的审美取向对于艺术领域的发展和文化的繁荣具有显著的积极影响。当艺术类大学生具有高度的审美敏感性和理解力时，他们更容易鉴别和欣赏高质量的艺术作品。这种鉴赏力激励着艺术类大学生追求卓越，创作出更具深度和创新性的作品。在一个社会中，艺术作品的质量和深度是文化繁荣的关键因素之一，因为它们丰富了人们的思想世界，启发了创新，提供了精神滋养。艺术是一种跨文化的语言，它能够传达情感和思想，超越语言和国界。

艺术类大学生通过正确的审美取向，能够更好地理解和尊重不同文化的艺术表达方式。这有助于促进文化多样性，减少文化隔阂，增强不同文化之

第三章 新时代艺术类大学生审美价值观的生成机理

间的对话和交流。在这种文化多元性的氛围下，艺术领域变得更加丰富和有活力。同时，正确的审美取向培养了观众和消费者的艺术素养。这意味着人们更加能够理解和欣赏艺术作品，不仅仅是在专业领域，也包括广大的观众和消费者。这种艺术素养有助于创造更广泛的市场和受众，观众的高度艺术素养也促使艺术类大学生创作更具挑战性和深度的作品，从而推动艺术领域的创新和发展。

综上，正确的审美取向对于艺术类大学生至关重要。它不仅影响着他们的个人艺术创作，还影响着整个艺术领域的发展和文化的繁荣。通过培养独特的艺术观点和品位，艺术类大学生可以成为推动艺术领域和文化社会进步的重要力量。因此，在审美价值观教育中，应注重培养艺术类大学生的审美取向，鼓励他们勇于表达自己独特的艺术视角，同时也应培养他们的社会责任感，使他们能够成为社会进步的积极推动者和文化的传承者。

3.2.3 达成艺术类大学生明确的审美意象

审美意象是指在人们感知和体验外界事物时，通过感官的印象和心理的联想，形成在心灵中的具体形象或抽象形象。它是一种主观的、个体化的体验，通过感觉、想象和情感等因素的综合作用而产生。在艺术创作中，艺术类大学生可以通过绘画、音乐、文学、电影等不同媒介，运用各种表现手法，创造出具有独特魅力的审美意象。这些意象可以是视觉上的图像、颜色、构图等，也可以是听觉上的声音、音乐旋律，甚至是通过文字描绘出的情感和思想。艺术类大学生的创作意图和技巧在其中起到了重要作用，他们通过选择特定的元素和手法，来激发人们的情感共鸣和想象。审美意象是深层心理结构与表层操作结构的整合成果，在审美价值观教育过程中，要引导艺术类大学生树立正确的审美价值观，首先要把握他们的审美心理结构。

审美心理是审美主体在审美活动中产生的极其复杂的心理活动和心理过程，产生于审美主体和审美客体的相互作用之中。个体的认知过程也是审美心理的一部分。个体通过感知、分析、理解等认知活动，深入探究作品的内涵和艺术手法，从而形成对作品的更加深刻的理解。审美心理还涉及情感体验的复杂性和多样性。个体会产生一系列情感，如喜爱、惊叹、震撼、愉悦等。这些情感是艺术作品或景观所引发的直接情感体验，能够激发内心的共鸣和情感共鸣。在欣赏不同类型的艺术作品时，可能会产生不同的情感。例如，在观看一幅抽象绘画时，个体可能会感受到一种神秘、深远的情感；而在聆听一首轻快的音乐时，可能会感受到愉悦和活力。这些情感的多样性丰富了审美体验的层次，使个体能够在不同的情感状态中感受到美的魅力。

在欣赏艺术作品时，艺术类大学生通过感知、分析和理解等认知活动，逐步解码作品的各个元素，包括线条、色彩、形态、结构等。这种深入的认知过程有助于他们深入理解作品的内涵和创作意图。通过对作品的认知，艺术类大学生能够揭示出作品背后的情感、思想和主题，从而增强了他们对作品的情感共鸣和理解。在审美心理中，情感体验和认知过程之间存在密切的互动关系。情感可以影响个体的认知，而认知也可以影响个体的情感体验。当艺术类大学生对作品的某些元素进行深入分析时，他们可能会更加理解作品所表达的情感。反之亦然，情感体验可以影响个体对作品的认知，使他们更加关注作品的某些方面。

审美心理也涉及价值判断和评价。艺术类大学生会基于其个人的审美标准和经验，对艺术作品进行评价和选择。这种评价可能受到个体的文化背景、教育程度、社会价值观等多方面因素的影响。审美心理是一个高度主观和个体化的领域，不同的人可能对同一作品产生不同的审美体验和评价。审美心理在艺术类大学生日常生活中发挥着重要作用，艺术类大学生的审美心理影响了他们对环境、空间和物品的感知与评价。从家居装饰到城市规划，从时尚选择到食物摆盘，审美心理都在塑造着艺术类大学生的选择和偏好。

不同的审美趣味反映了艺术类大学生的个性、文化背景和生活经历，丰富了他们的生活体验。在审美教育领域，理解和引导艺术类大学生的审美心理对于培养他们的艺术素养和创造力至关重要。教育者可以通过了解学生的个人特点和偏好，设计更具吸引力的教学内容和方法，激发他们对艺术的热情和探索欲望。同时，教育也应该帮助学生拓展审美视野，培养跨文化的审美敏感性，使他们能够欣赏和理解不同文化背景下的艺术表达。

审美心理是美学研究的重要领域之一，它在艺术创作、教育和欣赏过程中具有重要的意义。在艺术创作方面，深入了解审美心理可以为艺术类大学生提供宝贵的灵感和方向。通过了解不同群体的审美取向和情感需求，发现

第三章 新时代艺术类大学生审美价值观的生成机理

不同群体的审美心理结构具有差异性。艺术类大学生由于接受了更多的专业艺术培训，以及在创作、欣赏和批评方面的深入探索，其审美心理在许多方面与普通大学生存在着差异。艺术类大学生在审美心理上更加敏感和细腻，他们常常可以通过深入的观察和思考来捕捉生活中的细微之处，从而培养了对于色彩、形状、材质等元素的敏锐感知。这使得他们能够更好地理解和欣赏各种艺术作品，从绘画到音乐，从舞蹈到电影，都能够更深入地体会其中蕴含的情感和意义。

经过长期的艺术训练，艺术类大学生对于情感和内在世界的表达更加深刻。他们在艺术创作中常常探索内心的情感、体验和思考，并通过艺术作品表达出来。这种习惯使得他们在欣赏艺术作品时更加注重作品所体现的情感和情感背后的故事。在艺术形象层面，艺术类大学生在审美欣赏中更加重视细节和构图，包括作品的构图、比例、视觉平衡等要素，从而更好地理解作品的结构和艺术家的用意。相对而言，普通大学生可能更倾向于整体性的观感，较少关注作品的构造和细微之处。然而，需要指出的是，艺术类大学生与普通大学生之间的审美心理差异并不是绝对的，而是一种普遍趋势。个体之间的差异仍然受到个人的兴趣、经验、教育背景等因素的影响。此外，艺术类大学生和普通大学生之间也可能存在相互影响和借鉴。

为引导艺术类大学生形成健康的审美心理，需要针对他们特殊的审美心理特征开展审美教育。审美理解是构成审美心理结构的一项不可缺少的内容，是个体能否真正获得音乐美感的重要心理条件。审美理解是个体对于各种事物美的感知和认知过程。它不仅仅局限于表面的观察，更涉及对于作品内在的情感、意义和价值的深刻理解。这种理解是主观的，受到个体的知识、经验和情感等多种因素的影响，从而形成了多样化且丰富的审美体验。美感之所以不同于感官上的快感与概念性认识的快感，主要在于审美理解在审美心理中发挥的作用。因而，为引导艺术类大学生达成明确的审美意象，要在审美价值观教育过程中，使他们逐步形成审美理解能力。

在审美价值观教育过程中，提升艺术类大学生的审美理解能力是一个重要的教学目标。审美理解能力不仅有助于艺术类大学生更深刻地欣赏艺术作品，还培养了他们对文化、社会和人类情感的更深层次理解。审美理解能力涵盖了对艺术作品的深入分析和解读。艺术类大学生需要学会解析作品的结构、风格、主题和符号，以理解艺术家所传达的意义。这种分析能力不仅有助于他们更全面地理解作品，还可以培养他们的批判性思维和逻辑分析能力。通过这种深入的审美理解，学生可以更好地掌握艺术的语言和表达方式，从而更好地传达自己的想法和情感。

审美理解能力涉及对艺术作品的深刻理解，这不仅包括对作品本身的审美感知，还包括对作品背后的文化和历史背景的理解。艺术作品常常不仅仅是个体创作者的表达，它们也承载着特定时代和文化的价值观、思想和情感。因此，对于艺术类大学生而言，了解这些背景信息对于全面理解和欣赏艺术作品至关重要。艺术作品是时间和文化的产物。不同的历史时期和文化背景下，人们对美的理解和表达方式都有所不同。通过深入了解作品所处的时代和文化，艺术类大学生可以更好地解读作品的内在含义，抓住其中所体现的价值观念、社会背景以及艺术家的创作动机。这种文化和历史的理解可以使他们更深入地探讨作品的多层次含义，从而提高审美理解能力。

3.3 新时代艺术类大学生审美价值观的培育目标

自中国共产党第十八次全国代表大会胜利召开以来，以习近平同志为核心的党中央对我国的文艺发展工作进行了深刻阐释，对文艺发展的方针原则、创作导向、价值引领等作出了重大部署。习近平总书记关于文艺工作的一系列重要论述，为新时代艺术创作和人才培养指明了前进方向、提供了根本遵循，具有极其重要的时代价值和重要意义。面对新时代复杂的国际、国内形势，艺术类大学生作为重要的文化建设者和艺术人才，其审美价值观的培育工作至关重要。新时代艺术类大学生审美价值观培育应以习近平新时代中国特色社会主义思想为理论指导，坚持"以人为本"的教学理念，要将艺术类大学生培养成"德智体美劳"全面发展的时代新人。

3.3.1 思想上对审美价值事实的判断

艺术类大学生在思想上能够明确地对审美价值事实进行判断，是审美价值观培育的前提，也是审美价值观培育的根本目标。为引导艺术类大学生能够正确地做出审美价值判断，在审美价值观教育过程中，要引导艺术类大学

第三章 新时代艺术类大学生审美价值观的生成机理

生明确审美价值标准。审美价值评判标准是一个多维度的概念,涉及美学原则、文化因素、情感体验、技术水平、社会责任感以及艺术作品所传递的价值观念等多个方面。这些标准的相互交织和个体的主观体验共同决定了一个作品的审美价值。

在美学领域,艺术类大学生应该树立一套综合而深刻的审美价值判断标准,以帮助他们更好地理解、评价和创造艺术作品。这些标准应该涵盖多个方面,包括主观情感、文化背景、技术表现等,以促进他们在艺术创作与鉴赏中的全面发展。情感和情绪在艺术创作和鉴赏中扮演着至关重要的角色。艺术作品的魅力往往源自它们能够触及人们内心深处的情感。艺术类大学生需要通过自己的作品表达真实的情感,使人们在欣赏时产生共鸣。情感的真实表达使作品更加生动、有趣,也能够打破语言和文化的限制,与人们产生更直接的沟通。要学会表达情感,艺术类大学生首先需要理解自己的情感,并将其转化为视觉、声音或其他形式的语言。

情感表达需要真诚和深度,不仅仅是表面的情感投射,更是对情感背后深层次的理解和探索。通过技术和形式的选择,艺术类大学生可以将内心情感传达给人们,使其在欣赏作品时能够感受到共鸣,产生共同的情感体验。同时,艺术类大学生也应该培养对他人情感的敏感性。理解艺术创作的情感意图有助于更深刻地理解作品。人们不仅仅是作品的旁观者,还应该成为情感的参与者。通过对作品中情感的细致观察和体验,艺术类大学生可以更好地理解作品的内涵,为其赋予个人化的解读。

在审美价值观教育中,丰富艺术类大学生的文化底蕴至关重要。不同的文化和历史背景塑造了人们不同的审美观念。艺术类大学生可以根据艺术作品中所展现的文化进行审美价值判断。艺术类大学生需要对各种文化有一定的了解和尊重。他们应该学会跨足不同的文化领域,理解不同文化中的艺术表达方式,避免将自己的价值观强加于他人的作品上。这样的文化开放性有助于培养广泛的艺术鉴赏能力。所以,文化在审美价值中占据重要地位,因为它赋予了艺术以多样性和深度。艺术类大学生应该积极学习和尊重各种文化,跨足不同的文化领域,理解不同文化中的艺术表达方式,从而培养广泛的艺术鉴赏能力,促进文化交流与合作,为丰富多彩的艺术世界贡献自己的力量。

　　艺术类大学生在艺术创作过程中，必须注重技术与思想的平衡。技术是艺术的基石，是实现艺术创新的有力工具。然而，技术应该被视为创作过程的一部分，而不是终极目标。艺术类大学生不应只是追求完美的技术表现，而应该将技术作为一种手段，以更深刻地传达思想和观点。技术是表现创意的媒介。在艺术创作中，艺术类大学生可以使用各种技巧和工具来将他们的思想和情感转化为可见、可感知的作品。这包括绘画、雕塑、音乐、舞蹈等各种形式的艺术。然而，技术不应该成为创作的唯一追求。艺术作品的价值在于它们传达的情感、思想和信息。技术的运用应该与作品的主题和情感相呼应。过于强调技术表现可能导致作品失去深度和情感，变得空洞和无趣。因此，学生应该学会将技术与思想相结合，创造具有真正意义的艺术作品。

　　从社会层面来看，社会责任也应该成为引导艺术类大学生树立审美价值判断标准的一部分。要以强烈的社会责任感和使命感，为人民提供更多的艺术精品，人民生活也是艺术创作的丰富资源，扎根于人民生活，能帮助艺术类大学生创作优秀的艺术作品。习近平总书记指出："人民是创作的源头活水，只有扎根人民，创作才能获得取之不尽、用之不竭的源泉。"[1]艺术创作者包括艺术类大学生，要把人民的精神需求作为艺术创作的出发点与落脚点。要秉持以人民为中心的创作导向，以强烈的社会责任感和使命感，深入生活、扎根人民。

　　社会责任感的建立在艺术领域中的重要性不容忽视。艺术是一种有力的表达形式，能够触及人们的情感、激发思考、传达信息和引发变革。艺术类大学生有责任通过他们的创造力和影响力来传达社会问题、推动社会变革和倡导社会价值观。将社会责任作为审美价值判断标准可以帮助艺术类大学生认识到他们的艺术创作和欣赏不仅仅是为了个人满足，还应该为社会做出积极贡献。艺术作品不仅仅是静态的图像或声音，它们可以引发人们的情感共鸣，激发讨论，甚至推动政策和社会变革，具有广泛的社会影响。许多经典的艺术作品都具有深刻的社会意义，例如，《吉尔达》这部电影中探讨的性别

---

[1] 习近平. 一个国家、一个民族不能没有灵魂[J]. 求是，2019(08)：4-8.

第三章 新时代艺术类大学生审美价值观的生成机理

和权利关系,或者毕加索的作品中反映的战争和和平主题。因此,应该鼓励艺术类大学生创作和欣赏那些具有社会深度和影响的作品,而不是只注重形式和美感。

从价值观的角度来看,艺术作品往往是艺术创作者对社会、文化和时代的反映。艺术家通过作品表达他们的思想、情感和观点,这些作品可以反映社会的价值观、问题和趋势。社会主义核心价值观是当代中国精神的集中体现,凝结着全体人民共同的价值追求。为确保艺术作品更好地反映和传达社会的理想、道德和愿景,可以在审美价值观教育过程中,以社会主义核心价值观为审美价值判断标准之一。现阶段,社会主义核心价值观集中体现了社会主义先进文化,代表了当前社会的主流价值观,对判断审美价值事实具有指导性意义。为引导艺术类大学生的思想能够明确地对审美价值事实进行判断,则需要在审美价值观培育中做好社会主义核心价值观的引导工作。

将社会主义核心价值观与艺术的审美价值判断相结合,有助于引导艺术作品更好地反映和传达社会的理想、道德和愿景。这种结合强调了艺术的社会责任和影响力,同时也保护了艺术的自由和创新性。通过艺术的力量,社会主义核心价值观可以更好地融入社会意识,塑造积极的社会氛围,推动社会的进步和发展。

社会主义核心价值观强调了社会的道德和理念,这包括爱国主义、集体主义、诚信、友善等社会主义核心价值观。将这些价值观融入艺术作品中,可以引导艺术类大学生关注社会问题,创作具有深刻道德内涵的作品。如一幅反映爱国主义精神的画作可以激励人们热爱自己的国家,积极参与社会建设。

社会主义核心价值观追求社会的公平和正义,基于艺术的社会影响力,艺术作品可以成为弘扬社会公平和正义的媒介。在电影领域,一部作品能够深刻描绘社会中的阶级分化,通过生动的画面和情节,触发人们对社会公平的深刻思考。一部以贫困家庭为背景的电影,可以让人们感同身受,更好地理解社会不平等的残酷现实,唤起他们对公平和正义的渴望。艺术作品也可以为社会问题的发声。不同的艺术形式都可以以自己独特的方式,反映社会的弊端和问题。这种声音能够激发公众的关注和思考,促使人们积极参与社会改革。在社会主义核心价值观的引导下，艺术家们扮演着社会发展的重要角色，用他们的作品推动社会朝着更加公正的方向前进。社会主义核心价值观与艺术的相互作用，不仅加深了人们对社会问题的认识，还激发了社会发展的动力。

引导艺术类大学生阅读和分析专业艺术批评家的文章，是培养他们审美价值事实的判断力的一项重要任务。这种实践有助于艺术类大学生深入了解艺术作品，扩展他们的思考，以及培养他们在审美领域的独立见解和分析能力。专业艺术批评家的文章提供了深刻的审美分析。这些批评家通常具有丰富的艺术知识和经验，他们的文章不仅会对艺术作品进行深入解读，还会探讨其中的美学、历史和文化背景。这些文章展示了不同的观点和解释方式，可以帮助艺术类大学生认识到在艺术领域存在多样性的看法和观点。艺术并不是绝对的，不同的人可以对同一件作品产生不同的反应和理解。通过阅读不同批评家的文章，艺术类大学生可以学会尊重不同的观点，同时也可以培养自己对艺术的批判性思考。

通过阅读专业艺术批评家的文章，艺术类大学生能够获得批判性分析的方法和技巧。这是因为在这些文章中，批评家往往会采用一系列论据来支持他们的观点，从而提供有力的审美分析。艺术类大学生可以学习如何构建有力的论点。批评家在文章中会明确提出他们的观点和看法，并为之提供支持。这教会了艺术类大学生如何清晰地表达自己的观点，并在文章或演讲中建立强有力的论点，使其更具说服力；批评家不仅仅提出观点，还会引用艺术作品中的具体例子来支持他们的观点。可以帮助艺术类大学生明确如何挑选最相关和有力的证据来支持自己的主张，而不是仅仅依赖于一般性的论点。最重要的是，通过阅读专业艺术批评家的文章，艺术类大学生将不断提高他们的艺术素养和审美判断力。这一过程不仅有助于艺术类大学生更全面地理解艺术作品，还能够对他们的思维方式和文化参与产生深远的影响。通过深入研究批评家的分析和观点，艺术类大学生可以更好地理解艺术作品的内涵和背后的艺术语言。他们将学会识别不同艺术形式中的技巧和风格，了解不同文化和历史时期的艺术发展趋势。这将丰富他们的艺术知识库，使他们能够更深入地探索和欣赏各种类型的艺术作品，不再局限于自己的创作领域。批评家通常会提供深刻的审美分析，讨论艺术作品的美学特点、情感表达和艺术家的意图。这种深度分析可以帮助他们更全面地评估艺术作品的质量和价值。他们将学会发现作品中的细微之处，了解美的多样性，以及如何辨别卓越的艺术作品。这将使他们在自己的创作过程中更有洞察力和判断力，直接提高艺术作品的创作质量。

通过阅读专业批评，艺术类大学生能够更自信地表达自己的观点。自信的表达是一个重要的社交和职业技能，对于艺术家、评论家和文化参与者都至关重要。这种培养将在艺术类大学生未来的艺术生涯和文化参与中发挥关键作用。无论他们选择成为艺术家、策展人、评论家，还是文化参与者，艺术素养和审美判断力都是不可或缺的。这将帮助他们更好地理解和贡献于艺术领域，推动文化的发展和创新。

3.3.2 情感上坚持以人民为中心的创作导向

审美活动归根到底是一种情感活动，美是情感的外在表现，同时也是情感的内在载体。对美的追求是人类不可阻挡的冲动和本能，它不仅需要对美的对象进行感知、认知和体验，还需要将这种感知和体验付诸行动。审美价值是人们的自由选择，也是人类自由的必然体现。从情感的角度来看，只有客观事物满足了人们的需求，包括物质需求与精神需求，才能够使人在情感上、情绪上感到愉悦，才会产生美，可以看出情感驱动是审美主体选择审美价值的重要因素。所以，为推进审美价值观教育，可以从情感维度着手。创作优秀的艺术作品要求艺术类大学生具有丰富的情感，但需要对情感进行正向引导，负面的情绪过剩一方面不利于他们的心理健康，另一方面会导致创作的艺术作品出现过度渲染社会阴暗面、过度消极等情况。因此，无论从艺术类大学生个人层面还是从大众层面来看，情感的正向引导都具有积极的现实意义。

在审美价值观的教育过程中，需要把握艺术类大学生的情感需求、了解情感变化。要用情感和理性感染学生、亲近学生，使其在欣赏美、体验美的过程中达到情感共鸣。在传统的审美教育中，一般比较重视艺术技能的表现，轻视理论学习。所以，艺术类大学生对世界、人生的思考以及社会现象的辨析常常缺乏深度和广度。为提升艺术类大学生的审美能力，引导他们能够深层次的解读艺术作品，需要艺术类大学生掌握专业的理论知识的同时，有一定的审美经验积累。审美经验来自主体的亲身实践，亲身实践能够为主体提供更多的感受力，激情的感受能力，也是欣赏艺术作品、创造艺术作品所必须的。因此，提升艺术类大学生的审美能力，要引导艺术类大学生深入了解自己所处的环境和社会现象，发现其中值得反思、值得改进和值得赞赏之处。情感活动之所以能够发生，是因为人具有一定意义上的认识能力和情感能力，基于两种能力才能在其生活中感受美、鉴赏美、创造美。

艺术作为精神生产的产物，艺术作品的质量直接受创作者的精神世界影响，创作者有什么样的思想就会有什么样的艺术作品，而艺术作品又是以其外在的形式美来表现其思想。审美价值观作为一种精神上的意识形态，对于艺术类大学生审美起到主导作用。在艺术领域中存在着一些特殊情况，有些艺术类大学生对美的认识和理解有误区，出于某些外在的目的，为吸引人们的注意力，会在艺术创作中故意制造出一些不合常理、不合逻辑甚至违反人们日常生活经验的艺术形象。

有些绘画作品完全缺乏美感，甚至是"丑"的。但是在艺术领域中"丑"也是一种美，而且是一种特殊意义上的美。这是因为艺术创作是一个过程而不是一个结果。它就像一把双刃剑，如果处理得好，作品就会展现出独特的审美价值；如果处理不当，就会对社会产生负面影响。所以，我们要正确看待"丑"在艺术作品中的表现形式以及其产生的社会效应。作为艺术创作者和艺术爱好者应该学会正确看待"丑"在艺术作品中所表现出的独特审美价值和社会效应。判断美丑的标准，一方面在于创作者，一方面在于人民。艺术是人民的艺术，艺术需要人民，人民也需要艺术，人民是评价艺术作品"美"与"丑"的标准之一。

新发展格局下，艺术类大学生的审美观受多元社会思潮的影响，出现了一些问题，例如，"为了艺术而艺术"等创作理念，将艺术悬置在生活之上。艺术来源于生活而又高于生活，生活是人民的生活，是人民在所处时代的生活。现阶段人民对美好生活的期待逐步提升，以艺术推进美好生活的实现也是必然趋势。在审美价值观教育过程中，需要引导艺术类大学生明白艺术为了谁而创作、依靠谁而创作、通过什么来创作，毫无疑问，扎根于新时代人民生活必然是学生开展艺术创作的最佳立足点。为引导艺术类大学生坚定以人民为中心的创作理念,需要引导他们情感的内在认同,进而才能自觉地为人民而创作。

一切反映人民主体地位和创造作用的文艺作品,都是好作品;离开人民主体地位和创造作用的文艺作品,即使形式再美、内容再好,也不能算是优秀的文艺作品。在艺术创作中,要坚持以人民为中心的艺术创作导向,但不能把艺术作品是否以人民为主题作为评判优秀作品的唯一标准。所谓坚持以人民为中心,是把为人民服务作为文艺工作者的根本宗旨,可以在创作主题上反映人民需求,反映社会现实生活、反映人民群众心声、满足人民对"美"的追求。在价值引导上为满足最广大的人民群众的价值追求,创作意识需要时刻与社会的主流价值观同向同行。

对于艺术类大学生来说,情感共鸣与以人民为中心的创作导向之间存在着密切的关联。这两者在艺术创作过程中相互交织,共同构建了丰富而深刻的审美体验和文化价值。艺术类大学生作为创作者,具有丰富的情感世界。在创作阶段,可以通过创作艺术作品表达自己的情感、思想和体验,这些情感在作品中得以传递。而在观赏阶段,艺术类大学生也可以作为观赏者,通过对作品的感知和体验,与作品中的情感相互呼应,产生情感共鸣。

情感共鸣使艺术作品更能够触动人们的情感,让他们能够在作品中找到自己的情感体验,从而产生更深刻的情感认知和情感交流。以人民为中心的创作导向强调艺术作品要与人民的需求和情感相契合,艺术类大学生在创作中需要深入了解人民的生活境遇、情感体验和价值观念,以此作为创作的出发点和归宿。这种创作导向促使他们在作品中表达能引起人民共鸣的主题和情感,使作品更贴近人民的日常生活。以人民为中心的创作导向引导艺术创作者思考如何在艺术作品中呈现人民的情感需求,创造能够引发情感共鸣的作品。

在艺术创作中,以人民为中心的创作导向是一种责任与使命。艺术作品不仅仅是创作者个人情感的抒发,更是社会情感的集合与表达。通过准确反映人民的情感,艺术作品能够在人们内心引起共鸣,创造出深远的情感体验。情感共鸣正是在作品与人们之间构建的一座桥梁,将创作者与受众紧密联系在一起。当艺术作品能够传达人们生活中的喜怒哀乐，触及人们内心的柔软处，人们就会在情感上与作品产生共振。以情感为媒介，人们不是被动的接收者，而是积极投入到作品的内在世界，与作品内涵深入互动，从而更加深刻地领悟和感受其中的情感。在现实生活中，人民的情感是多种多样的，有欢笑，有泪水，有希望，也有忧愁。以人民为中心的创作导向鼓励艺术类大学生挖掘这些情感，将人民的真实情感融入作品中。这种共鸣能够让人们看到自己在作品中的影子，感受到作品所传递的情感与自己内心的共通之处。这种共鸣不仅加深了人们对作品的情感体验，也促使他们思考和探索与作品相关的主题和问题。

以人民为中心的创作导向强调价值观的引导，这就要求艺术作品反映社会主义核心价值观。通过以人民为中心的创作导向，艺术作品成为传递社会主义核心价值观的重要媒介。在这一理念的引导下，艺术类大学生在创作中注重通过情感共鸣来传达积极向上的价值观，以期影响人们的行为取向。当艺术作品所传达的情感与人们的情感相吻合，人们将更容易产生共通感，从而使价值观在情感共鸣的引导下渗透到人们的内心深处。这种情感上的认同和接受将进一步加深作品的内涵，使其不仅仅是艺术的表达，更是价值观的传播和弘扬。以人民为中心的创作导向所传递的社会主义核心价值观，强调了真善美的有机统一，倡导人与社会和谐、人与自然和谐、人与自我和谐的理念。艺术作品通过情感共鸣可以在人们心中唤起对价值观的共鸣，引发对社会和谐、公平正义、个人责任等社会主义核心价值观的思考与认同。大众在与作品情感共鸣的过程中，也会更加理解和珍视这些价值观，进而在日常生活中以更积极的态度践行和传承。

3.3.3 行动上对审美价值的主体反应

行为结果是行为主体、决策过程、行为实践、行为环境综合作用的结果。审美价值观教育最终的目标就是引导艺术类大学生通过实践积极地践行审美价值观。这一过程涉及他们的价值观、情感、思维和实践等多个方面。审美价值观教育的成功与否不仅仅体现在理论的传达，更要通过实际行为的践行来验证。艺术类大学生的审美价值观是否正确、积极，需要在他们的审美鉴赏、艺术创作以及日常生活实践中得以检验。艺术类大学生在审美鉴赏上的

第三章　新时代艺术类大学生审美价值观的生成机理

行为将直接展示他们对审美价值观的理解和认同程度。通过欣赏艺术作品，他们能够表现出对美的感知能力。正确的审美价值观将使他们更容易辨识高尚、积极的艺术作品，从而在审美鉴赏中形成积极向上的情感体验。这种情感体验在一定程度上可以反映他们是否真正领会了审美价值观所强调的正面情感和价值。

艺术创作是艺术类大学生将审美价值观转化为实际行动的重要途径。他们的作品将成为传达积极的审美价值观的重要媒介，可以反映出他们对美、善、真的理解和态度。通过创作，他们有机会将内心的情感和思想融入作品中，以此传递自己对美好价值的追求。正确的审美价值观将使他们创作出富有内涵、积极向上的作品，进而影响人们的情感共鸣和价值认同。艺术类大学生在日常生活中的表现也将直接反映他们对审美价值观的实际践行程度。他们是否尊重他人、关注社会，是否追求真善美，都会在他们的言行中得以体现。正确的审美价值观将使他们在日常生活中更加注重情感的平衡、道德的选择，以及对美好事物的积极追求。

更重要的是，艺术类大学生通过自己的作品或表演，可以向社会传递积极的价值理念。艺术类大学生创作艺术作品可以传播爱国主义、诚信、友善等社会主义核心价值观，通过艺术来引导大众的思考和行动。这种参与式的价值观传递，不仅使艺术类大学生更加深刻地理解和珍惜这些价值观，还有助于社会的积极变革。因此，实践活动不仅仅是培养审美素养的关键，同时也是价值观教育的重要途径。通过亲身实践，艺术类大学生能够将抽象的价值观变成具体的行动，为审美价值观的传播和践行贡献自己的力量，推动社会朝着更加美好的方向前进。这种实践教育不仅有助于塑造艺术类大学生的高尚品格，也有助于社会的进步和发展。

正确的审美价值观可以引导艺术类大学生在审美实践中追求真善美。审美价值观所强调的"真"是指艺术作品要真实、真诚地表达创作者的情感和思想。在艺术创作中，艺术类大学生要坚持真实，不随波逐流，不迎合市场，而是从内心深处挖掘情感和思想的源泉，创作出具有真实感和深度的作品。而"善"则是指艺术作品要传递积极的价值观和情感，鼓励人们向上追求、品位美好。在审美实践中，艺术类大学生应当关注作品所传递的情感和思想，挑选那些能够启发人们积极情感和积极行为的艺术作品，从而影响自己和他人的价值观。审美价值观强调艺术是一种情感的表达和交流方式，因此在鉴赏和创作过程中，个体的情感体验和情感共鸣显得尤为重要。正确的价值观将引导艺术类大学生在创作和鉴赏时寻求个体内心的平衡和和谐，使自己能够真实地体验情感，同时也避免陷入消极情绪或情感过载。这种内心的平衡和和谐在作品中会得以体现，使作品更具深度和魅力。

　　文艺评论工作在审美教育中也扮演着重要的角色。文艺评论不仅可以帮助学生更深入地理解艺术作品，还可以引导他们思考作品背后的社会和文化因素。通过评论，学生可以更好地认识世界的变化和发展，更好地理解自身在社会和政治环境中的角色。文艺评论有助于培养学生的批判性思维和分析能力，使他们能够更全面地理解和评价艺术作品。在完成艺术作品之后，要建立完善的评价机制，评价主要来源于三个层面，一是大众；二是同行；三是权威专家。在评价的过程中要做到不"捧杀"、不"棒杀"、不"抹杀"，做好艺术评论工作，有利于艺术类大学生审美能力的提升。在这个过程中，应该避免过于赞扬或批评，而是要做到公正客观的评价，这对于艺术类大学生审美能力的提升至关重要。在审美教育中，文艺评论工作的加强也能够帮助学生更好地理解社会、文化和政治因素对艺术的影响，有助于他们创新能力的提升。

　　大众的评价对于艺术作品的接受度和影响力至关重要。大众观众通常代表了广泛的群体，他们的反馈可以帮助艺术家了解作品的普遍吸引力和共鸣。大众评价也可能受到个人偏好和文化因素的影响，因此需要谨慎对待。大众的意见和反馈可以作为改进和提高作品的有用参考，但不应该是唯一的评价标准。同行包括其他艺术家和创作者，他们通常对于专业技术和创意能力有更深刻的理解。通过与同行的交流和评价，艺术家可以获得有关作品技术层面的反馈，也可以拓展自己的创作思路。同行评价有助于艺术类大学生不断提高自己的专业水平，借鉴他人的经验和见解。权威专家的评价可以提供更加深入和专业的分析。这些专家通常具有丰富的艺术知识和经验，他们的观点和意见被视为权威性的评价。权威专家的评价可以帮助艺术类大学生更深入理解作品的艺术价值和意义，从而拓展自己的审美视野。但是即使是权威专家的评价也不应该被视为绝对标准,因为审美是主观的,不同专家可能有不同的看法。

在评价过程中,应避免过度夸大或过度批评作品,而是要注重客观性和公正性。评价的目的是帮助艺术类大学生不断进步和提高,而不是打击他们的积极性和创造力。因此,评价应该建立在建设性的基础上,提供具体的建议和反馈,帮助学生改进和成长。

健全艺术审美评价机制是培养艺术家的关键一环。这个机制应该涵盖多个方面,包括学术界的评价、同行评审、人们反馈等。学术界的评价可以通过学术论文、研究项目和参与艺术展览等方式来衡量学生的学术贡献。同行评审则可以在专业领域内由资深艺术家和教育者进行,以确保艺术类大学生的作品在专业标准下得到充分的认可。人们反馈则是从大众角度来评价作品的方式,通过展览、演出或线上平台收集人们的反馈意见,以便艺术类大学生了解他们的作品如何与人们互动和产生共鸣。

除了评价机制,建立起交流与反思的平台也至关重要。这些平台可以包括艺术家工作坊、讨论会、艺术社群等。在这些平台,艺术类大学生可以与他人交流和分享自己的创作,接受来自他人的建议和批评。这种开放的交流环境有助于学生不断提升自己的审美水平,拓宽自己的艺术视野。艺术是沟通的一种方式,鼓励艺术类大学生积极参与审美讨论和分享作品是培养他们综合艺术素养的重要途径。通过与他人交流观点和经验,可以更深刻地理解自己的创作,并不断丰富自己的审美体验。这种积极参与也有助于建立更广泛的艺术社群,为艺术领域的发展和交流提供更多的机会。

第四章 新时代艺术类大学生审美价值观培育问题及成因

新时代背景下,艺术类大学生作为文艺工作的主力军,他们的审美价值观不仅仅是个人的看法,通过艺术创作也反映着国家和民族的整体文艺水平。艺术作品作为情感、思想和文化的载体,常常受限于创作者的审美取向。这种取向受社会环境、教育背景等多种因素的影响。在审美教育过程中,为引导艺术类大学生树立积极的审美价值观,首先需要明确艺术类大学生审美价值观和审美价值观教育所存在的问题及原因。通过研究发现艺术类大学生的审美存在审美标准缺失、审美品位的功利化、审美取向的低俗等现实问题,其原因主要在于多元文化的盲目选择与强烈的个人意识、消费主义文化的诱导与人文精神的失落、后现代主义思潮对审美意识的冲击;等等。从高校审美价值观培育层面来看,教育过程存在审美价值观教育目标导向混乱、形式主义的教学过场、教学效能低下等现实问题,其原因主要在于教育的价值定位模糊、教学内容匮乏、教学方法陈旧等。

4.1 新时代艺术类大学生审美价值观的问题

4.1.1 审美标准的缺失

在审美关系中,艺术类大学生评价客观对象时总是不自觉地运用某种标准、尺度来衡量其"美"的程度。作为审美主体,艺术类大学生的审美趣味、感性经验是多元的。审美经验是在人与生活环境相协调的过程中产生的,没有客观存在也就没有主观的审美。艺术类大学生作为审美主体,其本身也是客观的存在。无论审美主体的个别差异有多大,主体的审美活动总是在一定

第四章 新时代艺术类大学生审美价值观培育问题及成因

的社会历史条件中进行的,审美评价的标准总要受到一定社会历史条件的规定和制约。在审美主体和客观对象的审美关系中,客观社会的内容是不以人的主观意志为转移的。随着社会的发展,不同时代、不同民族和不同阶级有不同的审美尺度。因此,以审美对象的客观形式即形式美作为审美标准不无道理,但美是在主客间的关系中产生的,仅以形式美作为唯一的审美标准未免过于草率。

艺术类大学生审美标准缺失,是一个近年来备受关注的问题。随着社会的发展和文化的多元化,人们对于艺术的理解和欣赏也逐渐呈现出多样性。但是部分艺术类大学生在审美上却呈现出一定的缺失,表现在以下几个方面。

在艺术领域,传统和现代并非对立的两个极端,而是相互影响、交融的两种元素,有助于艺术类大学生创造出独特而富有创意的艺术表达方式。一些艺术类大学生在对传统与现代的平衡感上表现出明显的缺失。在现代社会,传统文化是历史的积淀和智慧的结晶,它蕴含着丰富的哲学思想、价值观和审美理念,对于艺术的发展和创作有着深远的影响。现阶段,部分艺术类大学生可能过于崇尚当下的潮流和时尚,忽视了传统文化的重要性。他们将传统艺术形式视为过时、陈旧的文化,而更倾向于寻求新颖、前卫的表达方式。这种倾向使得他们在创作中缺乏对传统元素的融合,导致作品缺乏历史感和厚重感。

部分艺术类大学生对传统文化的理解也存在一定的偏差。他们仅仅停留在传统文化的表面特征层面,而没有深入探究其背后的文化内涵和哲学思想。这种浅尝辄止的理解方式使得他们无法真正体会传统文化的精髓,也无法将其与现代艺术进行有机的结合。现代艺术作为创新的表达方式,也同样具有重要意义。有的艺术类大学生过于迷恋追求新潮、前卫的艺术形式,以期获得更多的关注,而忽视了传统文化在其中的价值。这直接导致了艺术类大学生在艺术创作中容易忽视传统文化的传承与弘扬。

在当代艺术领域,情感表达被视为创作的核心,能够赋予艺术作品不一样的表现效果。在部分艺术类大学生创作的作品中却存在情感匮乏的问题,这主要体现在他们过于追求感官型的艺术审美愉悦,期望紧跟时尚潮流,忽视了内心情感的真挚表达。紧跟艺术潮流在一定程度上是有益的,因为它能够使作品更具现代感和前卫性。当创作者过于拘泥于社会热点和时尚元素时，他们可能会在创作中失去真实的情感内核。这种情况下，他们可能只是追求外表上的吸引力，而忽视了内在的情感和深度。这种注重形式的创作方式可能会导致作品缺乏情感共鸣，人们难以感受到真正的情感波动。艺术创作是创作者与人们之间情感交流的媒介，情感的真挚表达能够引发人们内心的共鸣，使作品产生深远的影响。有的艺术类大学生在追求社会热点和潮流时，往往将自身的情感抛诸脑后。他们可能会在艺术作品的形式上下足功夫，以符合某种趋势或口味，却忽略了真实的情感支撑。这种创作方式虽然可能在短期内获得一定的关注，但长远来看，作品很难留下深刻的痕迹、产生深远的影响。

此外，社交媒体和互联网的迅猛发展，为信息传递和文化交流提供了前所未有的便捷途径，但也在一定程度上加剧了艺术类大学生在审美上盲目跟风的倾向。这一现象在当今社会愈发凸显，对年轻一代的审美标准和思维方式产生了深远影响。社交媒体作为信息分享和社交互动的平台，将大量的创意、艺术作品和审美趋势汇聚于一处。这种高度集中的信息流也为艺术类大学生带来了审美取向的困扰。在社交媒体上，每时每刻都有各种各样的艺术作品在展示，有些是经过深思熟虑的原创，但也有许多只是为了吸引大众流量所创作的浮夸作品。面对如此庞杂的信息，艺术类大学生往往因为缺乏独立思考和批判性分析的能力，而不自觉地被潮流带动，盲目追随他人的审美趋势。

这种跟风现象造成了审美趣味的同质化。一旦某一种艺术形式或风格在社交媒体上得到大量关注和点赞，就会有艺术类大学生纷纷效仿，使得同一时期出现大量类似的创作。这不仅让大众对于作品的新鲜感逐渐降低，也让艺术的多样性受到一定程度的压制。在这种情况下，艺术类大学生的审美取向和审美标准逐渐趋于模式化，难以体现个性和创新。过度依赖社交媒体的点赞和评论也让他们的审美价值产生了混淆。社交媒体上的点赞和评论成为一种审美的"衡量标准"，而不再是判断作品是否真正具有审美价值。艺术类大学生往往会过分关注自己作品的受欢迎程度，而忽略了作品内在的艺术价值和表达意义。这种表面的追求，让他们在艺术创作中失去了原本的初心，

第四章　新时代艺术类大学生审美价值观培育问题及成因

审美价值变得虚无缥缈，令人担忧。

扎实的艺术理论素养是培养艺术类大学生审美尺度的重要组成部分。艺术不仅是一种表面的创作和欣赏，更是蕴含着深刻的历史、文化和哲学内涵。有的艺术类大学生在审美上的短视，使得他们往往只看到了作品的外在表现，而忽视了其中蕴含的深层次意义。艺术作品的历史渊源能够帮助他们更好地理解作品的来龙去脉，把握艺术作品的时代背景和文化脉络。艺术的内涵解读是理解作品深层次意义的关键。艺术作品往往是艺术创作者对于生活、人性、社会等问题的思考和表达。通过艺术作品，人们可以窥探艺术创作者的内心世界以及对于人生意义的探索。传统美育的视角下，艺术类大学生在接受审美教育的过程中，可能只注重技巧和技术的训练，忽略了对于艺术理论的学习。这导致他们在创作时缺乏对历史传承的尊重和借鉴，从而作品显得缺乏深度和独特性。在欣赏他人作品时，也往往只关注艺术形式，无法领略其中所蕴含的文化价值。

4.1.2　审美品位功利化

艺术来源于生活而又高于生活，艺术是人民的艺术。现阶段，物质文明丰富，人民的生活质量有所提高。在马斯洛的需求层次理论中，审美需求是一种较高层次的需要。在人民生存得到保障之后，对精神满足提出了更高的需求。通过艺术欣赏能够丰富人民的精神世界。因此，社会对"艺术"的需求，直接刺激了艺术的发展，如广告、环境绿化、建筑等都以艺术化的形式出现在大众视野。人们以为看到的就是艺术，如此便推进了日常生活的审美化倾向，模糊了艺术与生活的界限。日常生活审美化本身并没有问题，其背后的审美霸权是需要值得注意的。资本驱动的背景之下，艺术以文化产业的形式逐渐进入商品范畴。艺术的社会效益也不再占据社会意识形态的核心地位，更注重艺术的经济效益，为迎合市场，许多艺术创作者舍弃了自身的艺术个性与见解来满足受众需求。功利主义使得当前艺术行为偏离了艺术创作的初衷，以大众的喜好为创作导向，削弱了人对艺术的价值理性反思，逐渐地失去了艺术对公众的引导作用。

艺术审美是超越功利性的，但在大众文化发展的语境之下，似乎没有几个人能够免俗。艺术创作者为迎合大众的反叛心理、娱乐心理和猎奇心理，在短时间内聚集大量人群，以期望直接地、及时地获得"效益"，越来越多的艺术创造者为狂欢造势，创作了越来越多的搜奇猎艳、光怪陆离的作品。该形式的作品仅是为满足人们的审美娱乐，这种审美是狂欢的，而真正的艺术审美是安静的享受。之所以这样，是因为这样的作品仅作用于人们的感官刺激，其是娱乐性的。受众享受了视听快感和自我满足，但获得的大多是粗浅、平庸、俗气的审美体验，如极端的饭圈文化、择偶的拜金思想等，越来越多的艺术类大学生渴望通过网络一夜成名。网络向人们展示的更多的是"投机取巧"，攀比的价值观、不务实的生活态度比比皆是，营造了迷失的审美氛围。肇始于网络的审美狂欢，虽然是狂欢，却是一种孤独的狂欢，这种狂欢可以给人们带来满足，但也造成了主体的迷失。归根结底，从艺术类大学生自身的角度来讲，审美价值观的迷失是审美品位功利化的内在原因。

艺术类大学生审美品位功利化的现象近年来日益凸显，这在一定程度上反映了社会价值观和文化氛围的变化。功利化的审美品位意味着人们在创作和欣赏艺术作品时，更多地关注其对个人利益、社会认可和经济收益的影响，而忽视了艺术作品内在的情感、思想和文化价值。这种现象在艺术领域引发了深刻的讨论和担忧。在当今社会，信息传播的速度和范围前所未有的迅速。社交媒体、短视频平台以及网络直播等新兴媒介使得信息、话题等可以在瞬间传播到全球。在这种背景下，部分艺术类大学生为获得更多的关注和认可，在创作时追求热门、商业化的选题，这已经成为一个普遍现象。热点话题和商业元素作为一种社会资源，的确具有吸引眼球和获得关注的能力。他们可能热衷于选择时下热门的社会事件、流行元素或商业标志等进行艺术表达，以期在社交媒体上引发广泛的讨论和分享，进而增加自己的知名度和影响力。这种追求社会热点的行为并没有本质上的问题，因为艺术一直以来都与社会紧密相连，反映着时代的变迁和文化的演进。问题在于有的艺术类大学生可能过于迷恋追求热点，忽视了作品深层次的内涵，丧失了独立思考的能力。在竞争激烈的社交媒体环境下，热门话题和商业元素的追求可能导致他们陷入"炫耀"和"卖弄"的陷阱，不再关注作品所传达的独特思想和情感。艺术作品会变得浅薄，仅仅是为了引起关注而存在，而忽略了艺术类大学生自身所承担的社会责任。

第四章 新时代艺术类大学生审美价值观培育问题及成因

在社交媒体迅速发展的背景下，视觉冲击力的确成为吸引人们关注的重要因素。艺术类大学生可能会被社交平台上的点赞和分享数量所驱使，希望自己的作品能够迅速在网络上走红，从而获得更多的关注和认可。这种功利化的倾向会导致作品缺乏内涵，陷入外表和表面效果的虚妄之中。视觉效果当然是艺术作品中的重要组成部分，但它不应该成为驱动艺术类大学生开展创作的唯一目的。部分艺术类大学生在创作时过于追求艳丽的色彩、复杂的造型和引人注目的元素，但这些元素本身并不能传达深刻的情感和思想。艺术作品可能会在视觉上给人留下强烈的印象，但却缺乏引发人们深入思考的力量。艺术作品的内涵和情感表达是其生命力的来源。艺术类大学生应该通过作品表达他们对于世界的感受、对于人性的思考以及对于生活的理解。一味追求外在的视觉效果会使得情感表达变得苍白，无法将艺术传达到深刻的内心世界。这样的作品可能在一开始吸引人，但很难留下持久的印象，因为它们缺乏人们与作品之间的情感共鸣。

功利化的审美追求还体现在部分艺术类大学生选择迎合市场需求，而不是真实表达自我。艺术创作是一个表达个人情感和思想的过程，他们可能会在创作时考虑市场的需求，迎合大众口味，以期在商业化的背景下获得更多的认可和收益。这使得他们可能会放弃真实的内心表达，而选择符合市场预期的创作方式，导致作品失去了真实性和独特性。迎合市场需求的趋势是多方面因素共同作用的结果。在商业化的社会背景下，艺术类大学生可能面临就业和生计的压力。因此，他们可能倾向于选择更具商业价值的艺术创作，以谋求更好的经济收益。这种迎合市场需求的创作方式可能带来一些负面影响。艺术作品的真实性和原创性会受到削弱，因为创作者会过度关注市场预期，而忽视了自身内心的真实情感和思考。大量迎合市场需求的作品会形成一种模式化的创作趋势，会逐渐导致艺术类大学生创意的枯竭和创作的呆板。最重要的是，艺术作品可能失去了反思和探索的价值，因为过于迎合市场预期往往会限制创作者对于深层次主题和意义的思考。

4.1.3 审美取向低俗化

审美品位的功利化必然导致审美取向的低俗化。刚进入高校的艺术类大学生审美能力尚未成熟，未形成明确的审美标准。在大学阶段，原生家庭对于学生的影响力逐渐减弱，更多的是受到学校教导、社会实践、朋辈影响、网络媒介的多重影响。基于科学技术的迅速发展，网络广泛应用于教育、生活、医疗等领域，其打破了时空的限制，为信息交流提供了一定的便捷性，因此，网络对艺术类大学生的影响十分深刻。上文阐述了审美标准的缺失、审美品位的功利化，其内在根源在于资本的逐利性而导致了艺术类大学生的审美异化。造成这种异化的外在因素主要在于生活环境的视像源的异化。如高楼大厦、笔直的公路、随处可见的广告等，这都是异化的视像源，这对于以视觉形象为主要表现语言的艺术类大学生影响非常大。

围绕艺术类大学生的生活环境是异化了的视像源，所看到的事物是被意志化了的对象，代表的是他人的意志。不仅是艺术类大学生，受众也在社会之中逐渐成为被动的接收者，长期"沉浸"在他人的意志之中就会逐渐失去"自我意识"。这对于艺术类大学生来讲是致命的。艺术作品的创造需要具有一定创新能力，创造力是自我意识亢奋的边缘状态的一种行为能力。被消解了自我意识的艺术类大学生如何才能拥有创造力呢？艺术类大学生为了满足功利性的需求，进行着机械化的生产。因此，现阶段的艺术作品存在模仿抄袭、千篇一律的问题，这也是当前艺术作品有数量无质量的主要原因。而形式上为人民而创作的艺术，所注重只是人民虚无的感官娱乐，逐渐由通俗走向低俗。

低俗化的审美取向在当今艺术领域的确是一个令人担忧的趋势。为了追求点击率、收视率和商业成功，一些艺术作品不仅牺牲了深度和内涵，还可能挑战道德底线，过分强调情感激发或暴露个人隐私。这种趋势对艺术的本质造成了威胁，损害了艺术作品的独特性和精神内核。低俗化的审美取向妨碍了真正的创作艺术内涵的表达。艺术的价值在于其能够传达深刻的思想、情感和体验。艺术类大学生将焦点放在迎合大众口味、制造轰动效应上时，艺术作品的内涵往往被淡化甚至失去，只剩下表面的娱乐性。这种趋势扭曲了艺术的审美标准。艺术的价值应该是基于其创新性、表现力和情感深度等方面的评价，而不应该仅仅取决于作品的受欢迎程度或争议性。低俗化的审美趋势可能误导人们对艺术的真正价值的理解，从而忽视了那些具有深刻思想和内涵的作品。

第四章 新时代艺术类大学生审美价值观培育问题及成因

这种情况在综艺节目领域尤为显著。为了在激烈的竞争中脱颖而出，一些综艺节目采取了低俗化的策略，刻意制造争议、矛盾和亮点。一些选手被要求在镜头前展示个人隐私，甚至演绎让人不适的场景，以追求瞬时的关注度。这种做法不仅违背了艺术创作的真实性和纯粹性，也让人们陷入了一种病态的好奇心和低俗审美趣味。在电影和电视剧制作中，低俗化的审美取向也表现为情节浅薄和情感刻意煽情。一些作品倾向于以虚假的情感大剧来打动人们，片面追求人们的情感共鸣，而忽视了人物塑造、故事深度和艺术呈现。这使得许多影视作品变得情感过度渲染、情节过于刻意，而丧失了真实感和思考性，无法为人们提供有意义的思考和共鸣的空间。

低俗化的审美取向在媒体领域表现为过度的娱乐和对庸俗内容的推广。一些媒体为提高收视率，制造出大量以绯闻、八卦、低级幽默为卖点的内容。这种趋势会导致社会对信息和娱乐的需求变得越来越肤浅，人们追求的不再是有深度的思考和信息传递，而是片面地满足瞬时的感官刺激。这种低俗化审美倾向对社会的思考能力造成了损害。过多的娱乐和庸俗内容使人们逐渐失去了深度思考的机会。新闻变成了娱乐，信息变成了八卦，导致人们越来越难以从媒体中获取有价值的知识和见解。社会大众的思考水平下降，公众对重要问题的理解也变得浅薄。同时，低俗化审美使人们对于信息的选择越来越片面。当媒体倾向于制造令人兴奋的轰动新闻和低级幽默时，人们更容易陷入信息茧房，只能看到他们感兴趣的内容，而忽视了更广泛和多样化的信息来源。这加剧了信息的碎片化，导致社会上出现更多的偏见和误解。

在文化领域，低俗化的审美取向还表现为大众文化的"粗制滥造"。商业化的文化产品往往以追逐快速利润为主要目标，这导致了对传统文化、价值观的疏远。当商业化产品将追逐短期经济利益置于文化传承之上时，这不仅是一种对过去的不尊重，也是对未来的文化失落的一种风险。这些产品通常追求轰动效应，追求短暂的关注，而不是深刻的反思和长期的影响。这种现象使艺术类大学生对历史、人类经验和社会问题的理解产生了负面影响。当大众文化的主流审美趋向低俗时，艺术类大学生更容易受到表面的刺激，而不是深入思考历史事件、人类情感和社会挑战。这可能导致艺术类大学生对于重要议题的浮光掠影的理解，无法真正深入探讨和解决当今社会所面临的复杂问题。低俗化的审美取向还可能加剧文化分裂。因为文化产品被广泛传播，它们对社会的价值观和道德观念产生深远影响。如果这些产品传达出一种低俗、浅薄或扭曲的价值观，那么社会可能会分裂成持不同价值观的群体，造成深刻的分歧。

4.2 新时代艺术类大学生审美价值观的问题成因

4.2.1 多元文化的盲目选择与强烈的个人意识

从时间维度来看，流行时间长的"美"的事物可以视为"经典"，流行时间长的"丑"的事物可以视为"糟粕"，流行时间"短"的美的事物可以视为"时尚"，流行时间短的"丑"的事物可以视为"媚俗"。针对"时尚"与"媚俗"的事物来讲，每一样事物都带来不同的文化影响，随着时间的不断迭代，如此多元的文化必定对艺术类大学生审美价值观的形成造成困惑。

全球化发展使世界变得更加紧密相连，不同文化之间的交流和融合变得更为频繁。这也导致了个体接触到的文化元素变得非常多样化和杂乱。在这种情况下，个体往往会选择从这些文化元素中挑选自己喜欢的部分，而不是对文化做出整体性的深入了解。这种盲目选择导致了审美价值观的碎片化和表面化。西方艺术在人类艺术史上是光彩夺目的存在，对于艺术类大学生来讲，为创作出优秀的艺术作品，既要传承与弘扬中华优秀传统文化，又要学习西方的优秀文化。所以，艺术类大学生更需要明确的价值标准来分辨艺术哪些是好的、哪些是差的。

网络媒体作为现代信息传播的主要渠道，对于塑造审美价值观具有重要意义。但它们的运作方式和关注点往往引发了审美价值观问题的进一步复杂化。网络媒体强调视觉和娱乐性，通常追求高的点击率和话题性。这导致了一种表面化的审美文化兴起，人们更容易被华丽、张扬和即时的视觉效果所吸引。这样的趋势可能会导致艺术类大学生对审美的浅薄理解，而忽视对艺术的深层含义的领悟。社交媒体上的"点赞文化"强化了形象的重要性，而不是内在的价值。个体倾向于发布那些能够引起广泛关注和点赞的内容，这可能导致审美价值观的扭曲，更关注他们在社交媒体上的形象，而不是真正的艺术价值。这种表面的追求可能会让人们远离深入思考和欣赏更有内涵的文

第四章 新时代艺术类大学生审美价值观培育问题及成因

化和艺术作品。

艺术是极度自由的领域,长期受艺术的熏染,艺术类大学生自然向往自由。在学习过程中,一味地模仿并不能够使其成为著名的艺术家。而著名的艺术家必然能够创造独树一帜的艺术作品,艺术类大学生对于个性的追求程度也必然高于普通大学生群体。现实世界中有必须遵守的法则,但是互联网具有互动性、隐蔽性、无规范性,艺术类大学生的人格个性在虚拟平台得到了充分的舒展。对于互联网的沉迷是对生活的温和的反叛,能够让艺术类大学生实现所谓的自由。我国社会经济飞速发展,而这发展的背后是新的青年一代的压力,"内卷"一词逐渐在社会中得到了广泛共鸣,这也证明了青年人向上行进的困难程度,网络往往能够使人脱离现实,得以缓解内心的焦虑。艺术类大学生看似个性突出,但是以互联网为媒介,以艺术作品为载体,极易形成小团体,长期如此,会逐渐导致视野的狭隘,归顺集中思想,批判思维减弱,个性反而会逐渐消失。在互联网中的沉迷终究是一个人独自的狂欢,在这场狂欢中,迷失的终究是自己。

互联网为我们提供了一个庞大的信息资源池,但与此同时,它也加强了我们的信息过滤能力。每个人都可以根据自己的兴趣和偏好,轻松地筛选出符合其审美价值观的内容,形成一个个体化的"信息茧房"。这个信息茧房不仅反映了个体的审美选择,还强化了这些选择,使其更加坚定和固化。艺术类大学生更愿意浏览那些与他们已有审美价值观一致的网站、社交媒体账户和线上社群等,因为这些内容让他们感到舒适和认同。这种情况导致了信息的闭环,使个体不容易接触到与其不同或挑战其审美观点的内容。信息推送不仅限制了个体的知识和理解,还阻碍了审美价值观的多样性和多元化演进。个体更倾向于寻找那些与他们的审美偏好一致的信息,而忽视了可能与之冲突的观点。这种认知偏见导致了信息过滤的局限性,使艺术类大学生对多元文化和不同审美观点的理解变得狭隘。他们可能会误以为自己的审美价值观是唯一正确的,而忽视了其他可能丰富和启发他们的观点。

当艺术类大学生过于强调自己的价值观和偏好时,他们容易陷入自我中心主义的陷阱。这种个人意识使他们更难接受不同的审美观点,因为他们将自己的价值观视为唯一正确的。这种狭隘的态度不仅仅限制了对多样性的包容性，也对个体自身的审美体验产生了负面影响。当个体将自己的审美价值观视为唯一正确的时候，他们失去了与他人互动和学习的机会，这对于深化审美理解和拓宽审美视野至关重要。如果艺术类大学生过于坚守自己的审美立场，不愿接受新的观点和经验，他们将错失认识新艺术形式、文化元素和审美趋势的机会。艺术和文化的发展是不断变化的，而只关注自己的价值观将导致个体与时代脱节。在这种情况下，他们可能会陷入审美的停滞状态，无法欣赏和理解新兴的审美表现形式。

4.2.2 消费主义文化的诱导和人文精神的失落

从消费的角度来看，人是客观的存在，物质资料是人生活的基本需求，也是人的生存前提。生产决定消费，消费则会作用于生产，两者是辩证统一的协调过程。消费对生产的作用主要体现在两个方面。一方面，只有消费了，产品才具有了商品的属性；另一方面，消费是新的生产动力，有了消费才能催动新的生产。生产培养了人的"生产能力"，"生产能力"又在生产过程中被消费。对于物质的需求，使得人不断的生产，此处的生产对象即为商品，商品的消耗再次推进了原始的生产。因此，生产是起点，消费是生产的内在元素，促进了人与社会的发展。伴随着科学技术的发展，人们的生活方式发生转变，消费形式逐渐呈现新的特征。西方国家在20世纪后期已经逐步进入了消费社会，新时代背景下，我国经济的持续发展也愈加能够体现出消费主义的特点。

在资本驱动的消费中，重要的社会实践，以及文化价值、理念、欲望与身份均源自消费，而不是源自传统的自由、公民权、宗教信仰等。当一切活动均与消费而不是传统的范畴相关时，那么，公民权、宗教信仰一类的传统范畴对认同和行为的重要制约作用便下降了，这就引发了一系列社会文化的转向。消费者通过消费商品来塑造自我价值，消费水平逐渐成为自我的证明。在这种情况下所形成的社会认同加快了阶级的分化，在该种文化的背景之下消费主义意识得以生成。出于符号消费的品牌效应，消费者对于产品的消费更多的是考虑自我价值的建构，吸引着人民不断地进入虚假但又极具诱惑力的身份归属想象。

表面上看消费者主导着消费行为，但是与此同时"消费"也在潜移默化中

第四章 新时代艺术类大学生审美价值观培育问题及成因

支配着消费者的观念与意识。对于艺术类大学生来讲，大部分人的基础生活依旧需要家庭的支持，可自主支配生活费用，以此艺术类大学生的消费意识逐渐成熟。消费的背后是主体的价值观，不同的价值观支配着不同的实践行为。艺术类大学生情感丰富，具有较强的认知能力、模仿能力，但是缺乏理性。在感性冲动的驱使之下，易受感官刺激影响，在时尚的面前容易盲目跟风。由于人的心理欲求的自相矛盾，所以时尚现象是不稳定的、变动的。每一种时尚背后都有自己独特的文化价值，但是不断迭代的时尚所带来的多元价值，对于判断能力尚未成型的艺术类大学生来讲，就是一种困惑与误导，逐渐消解了艺术类大学生对于主流价值的坚定信念。

消费主义文化强调快速消费的即时满足，在很大程度上塑造了当今社会的审美形式。社交媒体作为这一趋势的代表，鼓励人们寻求即刻的审美享受，而不是坚持追求深刻和持久的审美体验。这一现象影响了艺术类大学生的审美价值观，同时也使他们对艺术和文化的理解产生了负面影响。社交媒体平台如快手、抖音已经成为一部分人日常生活中不可或缺的一部分。这些平台通过图片、短视频和即时信息的传递，将审美变得短暂而瞬间化。用户可以在网络平台上发布精心构建的瞬时美图和短视频，以争夺关注和赞美。这种竞争导致了审美经验的表面化，艺术类大学生越来越关注如何在极短时间内获得审美快感，而不是通过持久的投入来培养深刻的审美感知。持久的审美体验往往需要更多的思考和深度的沉浸，这与快速消费的文化格格不入。

消费主义文化促生了大规模生产和标准化的产品。大量的快时尚、大众化产品以及快速消费电子产品充斥着市场，它们通常注重外观和成本效益，而不是品质和独特性。这种标准化使艺术类大学生越来越难以欣赏和支持那些注重手工艺和原创性的艺术和文化形式，导致审美的贫乏。对于艺术类大学生来说，面对消费文化的诱惑，其自控力相对较差。而这自控力的背后是审美价值观的支撑，只要树立了正确的审美价值观，艺术类大学生就能在艺术发展的正确道路上坚定前行。

社交媒体和信息时代的到来，缩短了使用者的注意力跨度。艺术类大学生习惯了快速的信息获取和浏览，这减少了深度思考和对复杂审美作品的投入。这种精神浅薄化使他们对审美体验变得肤浅，更容易受到消费主义文化的影响。社交媒体上广泛传播的消费主义观念，不断地强调购买和拥有的重要性，很容易导致艺术类大学生更关注外在的物质表象，而忽视内在的情感和思想，这种情况进一步加剧了审美体验的肤浅化。

从人文精神的角度来看，所谓的人文精神就是指以人为中心的价值体系，形成尊严、信心、爱之类的意识形态，并使之得以完美发展，不断臻于理想境界。其核心在于关心人民、尊重人民。人文精神强调个体的内在丰富性和深刻的思考。这种精神似乎在当今社会逐渐失落。教育体系的变革导致艺术类大学生更加关注功利性的知识和技能，而不是人文素养。这使得艺术类大学生缺乏对文学、哲学、艺术等领域的深刻理解，从而难以培养高级审美价值观。人文精神与科学技术不能偏废，一个国家没有科学不能振兴，但是如果没有人文精神就没有了脊梁骨，在中国式现代化建设过程中，没有人文精神的支持，社会发展就很容易走回头路。

人际关系的变化也在影响艺术类大学生人文精神的形成。社交媒体和虚拟互动的普及减少了人与人之间的实际交往，减弱了艺术类大学生对于情感和人性的理解。这种缺乏真实人际互动的环境进一步损害了艺术类大学生的审美价值观。在社交媒体中，艺术类大学生经常通过滤镜和编辑来美化自己的形象，制造出不真实的美感。这使得他们开始习惯于虚构的完美，而忽视了真实生活中的瑕疵与美。这种审美理念的扭曲不仅影响了个体的自尊心，还在某种程度上改变了整个社会的审美趋势。艺术类大学生渐渐地开始将外在表现作为价值的重要标志，而忽略了内在情感和精神的深刻内涵。

与此同时，艺术类大学生对于人文价值的理解也被削弱了。人文价值强调个体情感、思想、创造力和共情能力，而这些正是需要在真实人际交往中培养和表达的。社交媒体和虚拟互动的兴起让艺术类大学生变得更加以自我为中心，追求短暂的赞美和认同，而忽视了真正的深度交流和理解。这种现象导致艺术类大学生对于人性的理解变得肤浅，使得他们越来越难以体会他人的痛苦和喜悦。

4.2.3 后现代主义思潮对传统主流意识的冲击

20世纪60年代，"后现代主义"是广泛流行于西方的一种社会思潮。对于"后现代主义"的概念众说纷纭，学者大都从文化的立场出发对其进行多方

第四章 新时代艺术类大学生审美价值观培育问题及成因

面的讨论。后现代主义的核心特征之一是对现代主义的否定与扬弃。现代主义强调理性、真实、统一性和普遍性,追求一种纯粹的、客观的现实呈现方式。相比之下,后现代主义表达了对这些观念的怀疑,强调了多元性、分散性和多样性。后现代主义拒绝了一切大一统的解释和意义,认为真理是相对的,多元文化和多元视角应该被尊重和探究。

后现代主义是伴随着科技的发展而形成的,是信息时代的产物,其不仅是文艺思潮也是一种文化的发展倾向,其内含着一定的价值取向。后现代主义具有极端的解构精神和批判意识,主张消解一切,具有去中心化、反权威、反本质的基础特征。因此,在后现代主义的影响之下,人的主体性会在欲望中迷失进而被消解,这也为我国文艺审美埋下了"异化"的隐患。开放式的世界格局下,后现代主义伴随着科学技术发展涌入我国,我国正处在社会主义初级发展阶段,后现代主义思潮所具有的"反叛"色彩,刚好契合了人们被压抑的情绪,该思潮一进入我国便得以广泛传播,具有了强大的影响力。艺术类大学生作为我国文艺传承发展的主力军,后现代主义思潮不断侵蚀着艺术类大学生的审美价值观,审美价值观作为艺术类大学生的主要价值观,对于其人生的发展发挥着重要的决定性作用。不仅如此,基于艺术作品的移情作用,艺术类大学生审美价值观的培育在审美的维度上也会影响国家文艺工作的发展。

后现代美学确实是后现代主义思潮的一部分,它常常被视为对传统美学和审美观念的挑战。在西方,后现代美学试图颠覆传统美学的规范和价值观,强调多元性、多义性和文化相对性。这种态度一定程度上反映在中国的文化背景中,表现为对传统文化的反叛和挑战。后现代美学也带来了一些负面影响,其中之一是对艺术的自律性的消解。后现代美学常常模糊了艺术与非艺术的边界,使审美成为一种相对主观的体验,难以奠定坚实的美学基础。这也为审美低俗化倾向提供了土壤,因为没有明确的美学标准,人们更容易陷入迎合大众口味和商业需求的陷阱。审美低俗化对艺术的深度和内涵造成了严重损害。后现代主义注重事件的表述而非传统的真理追求,这有时可能导致对艺术作品的意义和价值的模糊理解。这与现代主义文化中对艺术作品进行深度解读和阐释的理念相悖,使艺术作品的深度和内涵受到了一定程度的忽视。

随着技术的更新迭代，其为艺术发展提供了新的路径。电影艺术就是艺术与科技相结合的新型艺术，但也对艺术产生了一定的负面影响。艺术的机械复制为后现代主义提供了扎实的发展基础，"复制"导致了艺术"灵韵"的丧失，而"灵韵"是艺术作品之所以生动的主要原因。机械复制的艺术作品展现的是人造的文化，其中充满了他人的意志。对于艺术类大学生来讲，长期在这种视源性异化的环境中生存，必然会在他人的意志中消磨掉自我意志。"真我"的丧失必然会进一步导致艺术的虚假，艺术也就失去了原本的功能。可以看出，后现代主义思潮伴随着科技交流涌入我国，正逐渐消解着人们的主体性和能动性，功利主义、享乐主义也随之产生。对经济的追求使得人们获得了一定的物质基础，但在过度地追求物质财富的过程中，精神世界与物质世界处于一种失衡状态，人的精神匮乏、热情丧失。功利性的目标不足以支撑艺术类大学生创作优秀的艺术作品，功利主义越强，艺术媚俗化越严重。

后现代主义美学的反叛精神不断挑战着权威美学，艺术与非艺术的界限被冲破，这无疑是带有巨大的解放意义，这与艺术类大学生对于自由的向往不谋而合。与此同时，后现代主义者也认为生活中的规则、责任等限制了人的自由自在的活动。因此，在这种思潮的影响之下，非常容易导致艺术类大学生对各种规则的挑战，这也容易造成他们形成精致的利己主义思想，社会责任感缺失，不知道艺术"为了谁、依靠谁"，以个人利益为重，忽视集体利益。

后现代主义思潮对于艺术类大学生的发展虽有消极的一面，但其是把"双刃剑"，也有益于审美发展。从审美的维度来讲，后现代主义主张文化的多元与创新，鼓励追求个性，这与艺术类大学生追求个性相契合，有助于多元化思维的培养与创新能力提升。创新是第一动力，这能够在很大程度上有效提升其创作能力。因为后现代主义具有否认"本质"的特征，如此的批判精神利于艺术类大学生勇于向传统挑战，以进一步打破局限性思维，这是开阔艺术思维的有效路径。后现代主义思潮追求的差异性与不确定性体现了其理论的解放性和超越性。艺术作品具有"引领时代风气"的功能，其中起决定性作用的是创作者的思想境界，只有艺术创作者具有超越性的审美意识，才能创作出超越性的艺术作品。

后现代主义对艺术类大学生的影响是复杂而多面的。它为创新和自由思维提供了机会,但也可能导致价值观的混乱和社会责任的忽视。因此,对待后现代主义,艺术类大学生应该保持开放的思维,充分理解其有利和不利之处,以更好地塑造和发展自己的艺术理念和实践。

4.3 新时代艺术类大学生审美价值观培育的问题

4.3.1 审美价值观培育的目标导向混乱

在教育领域,培养艺术类大学生积极的审美价值观是一个重要的教育目标,有助于提升艺术类大学生的审美素养、创造力和综合素质。审美价值观的培育在个体和社会层面都具有深远的影响。随着时间的推移,高校对审美价值观的培育目标产生了混乱,这一问题不仅影响了文化和艺术的发展,还对社会价值观和道德观产生了重大影响。

全球化的发展确实扩大了人们对多元文化的认知和接触,但同时也带来了审美价值观培育目标导向混乱的挑战。全球化促使不同文化之间的交流和融合成为可能,这在艺术领域尤为明显。以绘画艺术为例,东方水墨画与西方油画在表现手法、色彩运用等方面存在显著差异,每种风格都有其独特之处。这使得艺术类大学生难以简单地以单一的审美标准来评价这两种艺术形式。这种多元化的审美标准也反映在时尚、建筑、音乐等领域。例如,在时尚领域,不同文化的服饰和风格相互影响,创造了独特的时尚趋势。在建筑领域,世界各地的建筑风格相互融合,形成了多元化的城市景观。在音乐领域,跨文化的音乐融合成为一种创新,为听众带来了不同寻常的音乐体验;等等。对于艺术类大学生来说,面对不同文化的艺术作品时,他们可能会感到困惑和矛盾。但这也是一个机会,让他们能够更广泛地了解世界各地的艺术和文化,拓宽自己的审美视野。他们可以通过学习和探索不同文化的艺术传统,逐渐形成自己独特的审美价值观,更好地欣赏和理解多元文化的贡献。

信息技术的快速发展加速了文化和审美观念的传播速度。社交媒体平台、视频分享网站等成为人们获取信息和分享观点的主要渠道。这也容易导致审美价值观的商业化和碎片化。一些社交媒体平台为了吸引眼球,更倾向于推广外表和时尚，而忽视了对于艺术和文化的深度探讨。此外，由于信息的泛滥和碎片化，艺术类大学生在接触艺术作品时缺乏系统性的了解和分析，容易受到表面现象的影响，而忽略了作品背后的文化内涵。信息技术的发展也催生了新的艺术形式和媒介。数字艺术、虚拟现实等新兴艺术形式的出现，为审美价值观的培育带来了新的挑战。这些新形式的艺术作品可能不再受传统的艺术标准所约束，使得人们需要开放视野，接纳新的审美理念。

媒体和社交网络在当代社会中扮演着不可忽视的重要角色，特别是在塑造艺术类大学生的审美价值观念方面。这些平台成为信息传播的重要通道，也成为艺术品鉴和创作的参考依据。媒体和社交网络在塑造艺术类大学生的审美观念方面发挥着巨大的作用，但与此同时，它们也面临着一些严重的挑战。这些平台通常更注重流行趋势、点击率和广告收入，而不是传播高质量的艺术和文化信息。这意味着他们更倾向于推广容易引发争议、情感共鸣或轰动效应的内容，而不是深度和品质。这可能导致艺术和文化信息的表面化呈现，让大众更容易接触到流行的、快餐式的文化产品，而忽略了更具深度和复杂性的艺术作品。这种商业化导致了审美价值观的偏移，使得艺术类大学生容易受到资本逻辑的影响，而不是真正的艺术和文化价值观。

审美价值观教育的目标混乱确实可能导致一系列问题，其中之一是降低了艺术类大学生对艺术和文化的要求。当审美价值观变得模糊或受到商业化和大众趋势的影响时，他们更容易接受低质量的作品和媒体内容。这对艺术类大学生来说是一种挑战，因为他们可能会觉得不必努力追求高质量的创作，如此便会导致艺术类大学生的创作动力下降。如果他们认为只要迎合市场需求或社交媒体的喜好就足够成功，那么他们就可能会放弃探索更深层次、有独创性的创作。这对于艺术和文化的发展是不利的，因为高质量的艺术作品通常需要时间、努力和批判性思考。如果社会对高质量艺术的需求下降，这也可能影响文化生态系统的健康。高质量的艺术作品对于社会的精神文化生活至关重要，它们可以启发思考、激发创意、传递价值观念。如果社会趋向于接受低质量的作品，这可能导致文化贫乏和思维的贫乏。

审美价值观教育的目标混乱还可能导致不同文化和群体之间的审美差异，这些差异可能成为社会分裂和文化冲突的潜在问题。审美价值观的混乱可能导致艺术类大学生在跨文化交流中产生误解和不适。通过艺术作品还会将这种误解无限地放大。当个体不能理解其他文化的审美偏好时，会误解其意图或表达，导致交流困难。一个人可能会对某种艺术形式表达出不理解或不认同的态度，而忽视了对此形式的深刻理解和重要性。这种误解可能引发不满和对立，使文化间的交流和合作更加困难。这种紧张和冲突可能进一步加剧社会的分裂。社会分裂则会导致不同文化和群体之间的隔离，减少互相了解和尊重的机会。在这种环境下，文化冲突可能会更加频繁，对社会的凝聚力和和谐产生负面影响。

审美价值观教育目标混乱最重要的后果之一是艺术和文化的贬值。艺术类大学生作为弘扬与传承文艺的主力军，当审美价值观变得混乱和模糊不清时，对艺术和文化的理解也在减弱，进而会导致文化遗产的忽视和破坏。历史建筑、传统工艺、古老的艺术品等文化宝藏可能会被遗忘、废弃或破坏，因为艺术类大学生不再认为它们有价值或重要性。这对文化的可持续性和传承构成了威胁。此外，文化的贬值也会导致社会的精神贫困化。艺术和文化不仅仅是娱乐和消遣，它们还承载着深刻的思想和情感，有助于人们更好地理解自己和世界。当人们对这些资源失去兴趣时，社会可能会变得更加肤浅和单一，缺乏深度和多样性。

4.3.2 审美价值观培育的形式主义过场

审美价值观的培育过程中，形式主义是一个关键的议题。在审美教育中，艺术类大学生更容易被艺术作品的外在表现所吸引，这导致审美经验变得肤浅，而忽略了其中所蕴含的深刻思想和情感，忽略了对于艺术价值的深入挖掘。形式主义在艺术领域中一直是一个备受争议的话题。从形式主义的视角来看，作品的形式、结构和视觉元素是最重要的，而其中蕴含的思想和情感只是次要的。这种偏重表面的立场引发了关于艺术欣赏的真正本质的讨论。

形式主义所强调的内容也并非全无道理。艺术作品的形式确实具有其独特的美学价值。绘画的色彩运用、雕塑的线条构成以及音乐的音调编排等，这些形式元素都可以给人带来感官上的愉悦。正如一幅色彩斑斓的画作或一首优美的音乐旋律可以迅速引起人们的共鸣，形式主义的观点在这些情况下似乎有一定的合理性。艺术作品往往是艺术创作者对于社会、人性、情感等诸多主题的思考和探索的产物。通过形式表现出来的图像、声音或结构背后可能隐藏着丰富的思想、历史背景以及情感体验。

近年来，艺术创作的形式主义倾向愈发明显，其削弱了艺术作品深度和内涵。艺术类大学生在面对这类作品时，往往难以获得真正的思想启发，审美体验也变得肤浅而空虚。艺术作品原本应该是一种与人们情感交流、引发共鸣的媒介，形式主义弱化了这种交流，让作品的艺术性变得苍白无力。更为严重的是，形式主义的偏向也削弱了作品反映社会和历史的功能。艺术作品往往是时代的镜子，通过作品可以深刻理解社会的变革、文化的融合以及历史的演进。形式主义过度注重艺术的感官表现，使得艺术类大学生无法从中感知到作品与时代的联系，导致审美价值观变得狭隘。艺术应当是开阔视野、拓展思维的工具，但形式主义限制了这种可能性。

在审美价值观教育过程中，形式主义阻碍了艺术类大学生批判思维的形成。艺术类大学生一旦习惯于只接受表面的美感，就会不愿意探索作品背后的意义和目的。传统的审美教育在很大程度上注重技巧和形式的培养，这使得许多艺术类大学生在创作过程中过分强调技术的表现，忽视精深思想的构建。在这种情况下，形式主义不仅在教育环境中树立了错误的价值观，也影响了艺术类大学生对作品的认知。他们逐渐习惯于只从作品的形式美感出发，而对艺术作品的背后故事、情感以及更深层次的含义产生了隔阂。

因此，形式主义导致了一种浅薄的审美观念，这不仅限制了作品的表现力，也削弱了艺术类大学生的批判思维能力。久而久之，会导致艺术类大学生逐渐失去深入思考、多角度分析作品的能力，使得他们对于艺术作品的鉴赏和理解逐渐变得肤浅，进而影响艺术类大学生审美品位。审美品位应当是多元而丰富的，能够欣赏不同风格、流派和表现形式的艺术作品。形式主义使艺术类大学生偏向于特定的形式和风格，限制了他们的审美视野，使其难以真正体验到多样性带来的丰富审美体验。

4.3.3 审美价值观培育的教学效能低下

近年来，党和国家逐渐加大了对美育工作的关注和投入，将其视为文化建设的重要组成部分。在培养艺术类人才的过程中，除了强调专业技能的培养，也应注重审美价值观的教育，以塑造更全面、开放的艺术家和文化从业

第四章　新时代艺术类大学生审美价值观培育问题及成因

者。尽管审美价值观教育备受重视，实际的教学过程中却存在着一系列问题，使得其实效性相对较低，这需要我们深入探讨和解决。

受到传统教育范式的局限性影响，艺术类大学生的审美价值观教育面临着一系列挑战。长期以来，我国的审美教育主要侧重于传授理论知识和培养技能，而忽视了学生的审美素养和文化修养。这一传统教育模式在一定程度上限制了艺术类大学生的综合素质发展，特别是在审美价值观的培养方面存在一些明显不足。传统教育注重知识传授和技能培训，导致他们更加偏向于技术层面的学习。在这种模式下，艺术类大学生可能会过分关注如何掌握绘画、音乐、舞蹈等艺术形式的技术要领，而忽略了审美思考和情感体验的培养。他们可能会将艺术作为一种技巧性的工作，而不是一种表达和探索的方式。这种偏向技术的教育方式限制了艺术类大学生对艺术作品背后深层次意义的理解和欣赏。

传统教育模式较少关注艺术类大学生的文化修养的提升。艺术不仅仅是一种技巧，更是一种文化表达和思考的方式。传统教育往往忽略了艺术与文化、历史、哲学等领域的关联性。这种局限性的教育模式使得艺术类大学生难以形成深刻的审美价值观，无法将艺术作品与社会文化背景联系起来。传统教育模式甚至可能使艺术类大学生对审美价值观的培养产生反感或压抑。强调技巧和规范化的教学方式可能会让艺术类大学生感到审美鉴赏是一种被强加的任务，而不是一种自由、愉悦的体验。这种情况下，他们可能会失去对艺术的热情，审美价值观的培养也会受到限制。

从教育过程来看，审美价值观教育实效性低下可能表现在教学内容的单一和狭隘。审美价值观教育的内容通常过于集中在传统的艺术领域，如绘画、音乐和舞蹈等，而忽视了其他重要领域的审美教育。这种单一性限制了艺术类大学生对多样性艺术作品的理解和欣赏，使他们的审美视野变得狭隘。在当今多元化和跨文化的社会环境中，这种狭隘的教育内容无法满足艺术类大学生全面发展的需求。一些学校可能依赖于传统的教材和资源，忽视了新兴的艺术形式和文化表达方式。这使得艺术类大学生接触到的内容过于陈旧，无法反映当代艺术和审美的多样性。因此，他们可能无法理解和欣赏当代文化现象，导致审美价值观的脱节。同时，现有审美价值观教育的内容通常过于理论化，缺乏实际的艺术体验和实践机会。艺术类大学生可能在课堂上学习审美理论和历史知识，但很少有机会参与艺术创作或亲身体验不同艺术形式。这使得他们的审美教育过于抽象，难以将理论知识应用到实际生活和艺术实践中。

传统的教学模式往往是以教师为主讲，艺术类大学生被动地接受教学内容。在艺术类大学生的审美价值观教育过程中，这种模式可能使艺术类大学生陷入被动的学习状态，无法深入体验和理解审美对象的内涵。这种单一教学方法难以激发他们的兴趣和激情，限制了他们对艺术作品的真实感受。缺乏互动会损害艺术类大学生的主动性和创造性。所以，审美价值观的培育需要艺术类大学生积极参与，通过自己的感知和思考去理解和欣赏作品。如果教学中缺乏互动，艺术类大学生无法与教师和同学交流、分享观点，也难以提出疑问和思考。这将使他们丧失在互动中培养思辨和批判性思维的机会，无法形成独立的审美判断和观点。

评价体系的不合理也可能导致审美价值观教育的实效性低下问题。以应试成绩为导向的评价体系会使艺术类大学生在审美教育中过度追求表面成绩，而忽略了真正的审美体验和理解。艺术类大学生通常在标准化考试中被评估，而这些考试主要关注知识和技能，而不是审美价值观。学校和老师注重提高学生的考试成绩，而忽视了审美教育的重要性。艺术类大学生的成绩通常以学分绩点的方式呈现，这样的评价方式虽然容易量化，但审美价值观培养成效往往难以用数字来衡量。因此，高校现有的评估体系不利于审美价值观的培养，缺乏全面的评价体系会导致审美教育变得片面化。审美价值观的培育需要包括情感体验、判断能力、创造性思维等多个方面。现有评价体系过于关注知识点的掌握，忽视了这些重要的方面。在这样的评价体系的引导下，可能使艺术类大学生难以全面地理解和体验艺术，影响他们对审美领域的真正领悟。

不合理的评价体系确实会严重削弱教育的引导作用，尤其是在审美价值观教育方面。教育的目标应该超越简单的知识传递，更应包括培养学生的全面素养，其中审美素养是一个不可或缺的部分。如果评价体系仅仅侧重于量化和标准化的成绩，不能丰富艺术类大学生的审美情感、培养批判性思维和提升创造性的表达能力，那么教育者可能会因为过度强调考试分数或表面成就，而偏离正确的教育方向。一个不合理的评价体系可能导致教育者将更多时间用于应付考试和应试技巧的培训，而忽视了审美价值观的培养。艺术类大学生可能会追求通过传统的考试来获取高分，而忽略了对艺术作品的深度理解和情感共鸣。这种情况下，教育者和学生都会陷入追求表面成绩的怪圈，审美价值观教育无法取得预期的效果。

4.4 新时代艺术类大学生审美价值观培育的问题成因

4.4.1 价值定位模糊

在审美教育中，由于价值定位模糊，直接导致了艺术类大学生审美价值观教育效能低下等问题。价值定位模糊使得艺术类大学生的审美价值观缺乏明确的指引。在传统社会，人们常常借助宗教、哲学等思想体系来塑造自己的审美价值观。随着价值观的多元化，个体所接触到的各种审美信息变得五花八门，缺乏一种明确的指导原则，容易造成价值观的混乱。个体可能在追求自我表达的同时，迷失在琳琅满目的审美选择中，难以做出有意义的判断。在网络媒体日益发达的现代社会，艺术类大学生可能趋向于追求即时的视觉刺激，而忽视那些需要深度思考和耐心品位的艺术作品。这可能削弱艺术类大学生欣赏复杂、深刻作品的能力，阻碍审美价值观的成熟发展。

缺乏明确的审美指引也可能导致艺术类大学生在购物、装扮等方面盲目跟风，失去对自身审美趣味的独立判断力。模糊的价值定位使得商业化文化泛滥，影响高校审美价值观的培育。商业化文化往往倾向于迎合大众口味，追求快速的经济效益。这导致媒体、广告等渠道更倾向于推崇短期流行，而非深刻的审美内涵。这种现象使得一些原本有价值的艺术作品被商业包装，产生了"浅嚼慢咽"的审美趋势，阻碍了个体对于深层次审美价值的理解与欣赏。在全球化的大背景下，不同文化间的交流加速，价值定位的模糊可能使得文化在交流融合中失去民族的独特性。一些地方性的审美传统可能被较为商业化、通用化的审美标准所替代，导致地域特色的丧失。这种同质化现象不仅限制了审美的多样性，也削弱了文化的传承与创新。

由于价值定位模糊，艺术类大学生在价值选择上可能面临困扰。审美困扰可能引发艺术类大学生的自我认知问题。在价值的认同与选择上，艺术类大学生往往会陷入矛盾，不确定自己真正钟情于何种审美标准。这种内心的摇摆不仅令个体对自身特质产生怀疑，还可能降低自我价值感。艺术类大学生会感到自己在审美领域缺乏明确的归属感，从而产生自卑感或迷茫感。当个体无法确定自己的审美趣味时，难免在与他人的交往中产生隔阂。在共同话题和兴趣上存在差异时，人际关系可能因为审美观念的不合而产生裂痕。这也可能导致社会上的小团体和派系的形成，进而加剧社会的分化。因此，模糊的价值定位容易在群体中引发冲突。当个体的审美观念错综复杂，难以形成统一的价值导向时，社会集体可能在价值观的竞争中产生分歧。这些分歧可能扩大为对立，甚至引发争议与冲突，破坏社会的和谐与稳定。

随着社会的不断发展，主流的社会价值观也在不断地演变，这直接影响了审美价值观的培育。不同的社会价值导向会引发不同的审美偏好和趋势，从而进一步增加了审美价值观的模糊性。举例来说，在一个以物质主义为导向的社会中，人们可能更加注重外在形象和表面的美。这可能导致审美标准趋向于追求奢华和高消费，而忽视了内在的深刻内涵。在这种情况下，审美价值观可能更偏向于追求虚荣和外在认可，而忽略了精神层面的审美体验。相反，在一个强调内心世界、情感体验的价值观影响下，人们可能更加关注作品的情感表达和内在意义。这种情况下，审美标准可能更偏向于注重艺术作品的深度和内涵，而不仅仅是表面的外观。这种审美观念强调精神层面的满足和思想的启发，与物质主义的审美取向形成鲜明的对比。社会价值观的多变性使得人们在不同时期对美的看法产生波动。对于艺术类大学生来讲，当社会价值发生变化时，他们的审美取向也会被潜移默化地影响着。这种变化可能导致他们产生困惑，难以在不同的审美趋势中找到自己的位置。随着时间推移，艺术类大学生可能对于何为美感到更加矛盾和迷茫。

教育体系的问题也是引起审美价值观模糊的原因之一。艺术类高校教育体系的问题确实可以对艺术类大学生的审美价值观产生一定影响，这一些艺术类高校可能更倾向于标准化的教学方法，追求一种"正确"的审美标准。这可能导致艺术类大学生只学习某种特定风格或技巧，而忽略了多样性和个性化的审美观。艺术类大学生可能被灌输了一种"模板式"的审美观，难以发展独立和多元化的艺术观点。在一些国家，艺术类高校入学考试竞争非常激烈，艺术类大学生可能为了追求高分而忽略了艺术创造的本质。这种情况下，审美观可能受到考试要求的制约，而非个人兴趣和探索的驱动。从教学方法的角度来看，一些艺术类高校可能过于坚守传统教学方法，不够开放和灵活，难以适应不断变化的艺术潮流和媒介。这可能导致学生无法跟上时代的发展，审美观变得过时。要注意的是，并非所有艺术类高校都存在这些问题，许多高校正在积极努力改进他们的教育体系，以更好地满足艺术类大学生的需求，鼓励创新和多样性。此外，个人的审美观不仅受教育体系的影响，还受到文化、社会背景、个人经历等多种因素的影响。因此，要培养独立和多元化的审美观，需要艺术类大学生自己的努力和积极参与，而不仅仅依赖于教育体系。

4.4.2 教学内容匮乏

艺术类大学生的审美价值观培育问题在当今社会备受关注。艺术不仅仅是一种表现形式，更是文化传承和精神追求的体现，培育积极的审美价值观对于艺术类大学生来说尤为重要。当前，我们不得不面对审美价值观培育存在的问题，其中一个主要原因是审美教育中教学内容的匮乏。

现阶段，审美教育的教学体系普遍偏向于技术和技巧的传授，而较少关注深入的艺术审美思考。艺术创作的过程包含了创意的激发、主题的选择、表现形式的挑选等多个环节，这些都需要学生具备丰富的审美素养作为支撑。现实中很多课程更加注重技术的训练，忽略了对于审美理论的探讨、对于审美内涵的分析、对于美的规律的挖掘；等等。这都使得艺术类大学生在创作时过于注重形式，而忽视了作品背后所传达的深层情感和思想。在审美教育过程中，大部分艺术理论课都形同虚设，枯燥的理论灌输，根本无法引起艺术类大学生的学习兴趣，课堂教学缺少实际的应用和启发。真正的审美价值观教育应该是技术与理论的完美结合，注重知识与创意的融合，培养艺术类大学生对于"美"的更深层次的理解与感受。

在艺术创作的过程中，创意的激发是最初的起点。一个具有创意的作品往往能够引发大众的兴趣与共鸣，才能有机会给大众留下深刻的印象。如果只是单纯地注重艺术技法的表述与训练，艺术类大学生可能会局限于固定的表现方式，难以跳脱出创作的窠臼。这时，丰富的审美素养与人文素养就显得尤为重要。通过对不同艺术风格、历史背景、文化内涵等方面的理解，艺术类大学生可以更好地汲取灵感，拓展自己的创作思路。主题的选择也是艺术创作不可或缺的一环。一个深入思考的主题能够赋予作品更多的内涵与意义。缺乏审美思考的艺术类大学生往往会选择平庸的、缺乏挑战性的主题，导致作品缺乏独特性。如果他们能够在课程中接触到不同的"美"的资源，了解不同主题背后的哲学思考和文化内涵，就能有机会激发出别出心裁的创意，创作出优秀的艺术作品。

为保证艺术类大学生能够通过高校教育获取在社会上的生存技能，保证他们的基本物质生存需要，审美教育在一定程度上迎合市场需求，导致教学内容过于功利化。随着社会的快速发展，艺术市场的繁荣带来了对于技术高超的艺术人才的需求。艺术创作不应仅仅是为了满足市场需求，更应该是表达艺术创作者对于社会、生活、人性等主题的独特看法和情感。在艺术市场蓬勃发展的今天，艺术类大学生的作品不仅仅是个人创作的结果，更是与市场需求紧密相连的商业产品。为了保证艺术类大学生的基本生存保障，这使得许多高校不得不调整他们的教学内容，更加关注艺术类大学生的实际操作能力，以适应市场对于艺术表现的要求，通过艺术商品的交换获取基础的物质财富。但是单纯迎合市场需求的教学方式可能会导致学生们陷入功利化的创作模式中，失去对于艺术深层次内涵的理解和追求。

实际上，技术与艺术并不是对立的。真正的艺术作品是思想性与艺术性相统一的，艺术性表现技术可以成为艺术表达的媒介，通过艺术作品能够有力地传递艺术类大学生的思想和情感。这种技术应当为艺术创作而服务，而不是主导艺术创作。因此，在审美价值观教育中，我们需要找到平衡点，让技术成为艺术类大学生创作的有力工具，保证工具性与价值性的统一，让艺术的内在价值成为创作的核心追求。因此，教育在迎合市场需求的同时，必须坚守对于艺术内涵的关注，做好审美价值观的导向工作。学校可以通过多元化的教学方法，引导艺术类大学生探索不同的艺术领域和表现形式，追求不同的积极的审美价值观，培养他们的创造力和批判性思维。

此外，在当今纷繁复杂的社会环境中，艺术不再是一个孤立存在的领域，

第四章 新时代艺术类大学生审美价值观培育问题及成因

而是与各种不同学科紧密相连，呈现出更加丰富的表现形式和思想内涵。但一些艺术院校在教学资源的跨学科整合方面仍存在不足，这导致艺术类大学生在获取多样的思想碰撞上面临一定的挑战。艺术创作不仅仅是技术与技法的堆砌，更需要源源不断的灵感和创意驱动。而跨学科的教学资源可以为艺术类大学生提供广泛的知识背景，从而激发他们更加开放、多元的思维方式。审美价值观的培育不应局限于艺术领域，而应深入涉足哲学、文化、历史等领域。这些领域的知识可以为艺术类大学生提供不同的思考框架，帮助他们更好地理解作品背后的深层含义，从而更好地表达自己的创意。

现有的一些艺术院校内部的教师团队可能过于封闭，与其他学科之间的互动较少。这种情况可能是由于教师自身的专业背景较为单一，或者是由于学院内部组织架构的限制。这种封闭性限制了艺术类大学生从多元化的学术视角去思考问题。一个健康的审美教育环境应该是开放的，能够鼓励师生之间的交流与合作，促进不同领域之间的互相借鉴。通过与其他学科的交流，艺术类大学生可以从不同的角度来审视自己的创作，从而拓展自己的审美观念，使其更加丰富多彩。

最后，在当今的审美教育领域，审美教学往往缺乏对于审美理论的深入传授，这成为一个值得关注的问题。审美教育不仅仅是传授艺术技术和技能，更重要的是培养艺术类大学生独立思考和创造力的过程。部分艺术类教师可能面临教学任务重、资源紧缺等压力，这就进一步导致了教师更倾向于将课程内容限制在技术层面，而忽略了对于审美思想的挖掘与培养。这种情况下，艺术类大学生很难形成独立的审美观点，难以在日后的创作中展现出独特性。富有经验的教师在审美教育中起着不可或缺的作用。他们能够从更广阔的角度来理解艺术，引导学生不仅仅在技术层面追求卓越，还要在审美层面培养独立的见解。通过深入的艺术历史、文化背景和审美理论的讲解，艺术类大学生可以更好地理解不同艺术风格的起源、发展和影响，从而培养出对于美的敏感和洞察力。这将有助于他们在未来的创作中融入更多的思想深度和独特的艺术性。

在教学中，一些教师可能因为教学压力和课时限制，无法充分发挥他们的经验和能力。教师们可能需要面对紧凑的课程安排、大班人数、考试压力等问题，使得他们在教学计划中难以贯彻审美培养。因此，学校需要更加注重为教师提供充分的支持，让他们有更多的时间去深入研究和传授审美理论。这可以通过组织教师培训、提供教学材料和资源以及鼓励教师进行学术研究来实现。另外，课程设计也是关键。课堂教育需要高度重视课程内容及教学方式，需要将审美思考融入各个阶段的教学中，使得审美教育形成较为完善和统一的系统。这可以通过引入相关的课程模块、讨论艺术作品的审美特点、组织艺术展览和讲座等方式来实现。在实践中可以使艺术类大学生能够主动地分析、挖掘艺术作品的深刻内涵，并形成独立的审美见解。

4.4.3 教学方法陈旧

现阶段，艺术类大学生的审美价值观培育问题日益凸显，从课堂教学的角度来看，现有的教学方法未能与时俱进。随着社会的不断发展和变化，审美价值观也在不断演变，但审美价值观教育的教学方法却未能及时跟上发展步伐，进一步导致了艺术类大学生的审美观念滞后，难以适应现代社会多样化的审美需求。

在艺术类大学生的审美价值观教育中，教材与课程设置陈旧的问题日益值得关注。审美教育作为培养艺术类大学生审美能力和审美取向的重要途径，其教材和课程应当与时俱进，反映当代社会的多样性和变革。教材陈旧的问题在于其内容可能不再贴近当代艺术的发展。传统的艺术教材往往重点强调历史上的艺术作品和流派，忽略了当代艺术的新兴形式和潮流。艺术在不断演变，涌现出数字艺术、新媒体艺术、环境艺术等多元化的表现形式，教材的陈旧使得艺术类大学生无法通过书本获取关于新兴领域的最新信息。

陈旧的课程设置也可能会限制了艺术类大学生的审美视野。部分艺术类大学可能过于偏重艺术表现技巧训练，如通过对比的形式使得艺术表现更具有冲击力、通过均衡与稳定的形式表达艺术的和谐、通过合适的比例与尺度表达庄严肃穆之感等。将艺术类大学生的关注点局限在艺术技巧，会使得他们的艺术视野受限，难以获得全面的艺术视野。审美的多样性应该在课程设置中得到体现，以激发艺术类大学生的创造力和对不同审美表达的理解。教材与课程的陈旧也可能使艺术类大学生难以理解和应用现代艺术的审美观念。随着社会的发展，涌现出了新的价值观和审美趋势，陈旧的教材与课程无法提供与这些新观念相符的教育内容,导致学生难以将所学应用于现实生活和创作实践中。

传统艺术类院校教学方法的陈旧在于其过度依赖教师主讲的模式,忽视了师生之间的互动和实践的重要性。审美教育应该是一个积极的互动过程,鼓励艺术类大学生自主思考、创意表达和与他人交流。原有的教学模式将教师置于知识的中心,将课堂变成了信息的单向传递,而艺术类大学生成为被动的接收者,如此便不利于自主思考能力的培养。这导致艺术类大学生在审美价值观的培养过程中缺乏独立思考和批判性思维的训练。他们习惯了接受教师的观点,而较少有机会质疑、分析和形成自己的观点。这使得艺术类大学生对不同审美观念的理解和接纳能力受到限制,难以自主地拓展审美视野。

更重要的是,陈旧的教学方法削弱了艺术类大学生的创造性。对于艺术类大学生来讲,创造性直接决定了他们的未来成就。艺术创作强调个人的创意和表达,传统的教学方法很少能够充分激发艺术类大学生的创作潜能。艺术类大学生习惯了按部就班地执行教师的指示,缺乏自主的探索和实验精神。他们在传统教育模式下难以培养出自己独特的艺术风格和思维模式,限制了他们在创作领域的发展。互动和实践在审美教育中扮演着至关重要的角色。通过教师和同学的交流,艺术类大学生可以分享不同的观点和经验,在实践中可以激发艺术类大学生的好奇心,鼓励他们主动提出问题、寻求答案,并在思辨中培养批判性思维。可以在实践中将创意付诸行动,并通过艺术实践将理论知识与艺术表现技能结合起来,培养自己独特的审美观念和艺术表达方式。

缺乏国际化的视野也制约了艺术类大学生审美价值观的培育。随着全球化的发展,艺术领域的交流和融合日益增多,了解国际艺术动态和不同文化的审美观对于培养艺术类大学生的审美价值观至关重要。现代社会正以前所未有的速度发展,人们之间的联系日益紧密,而艺术作为文化的重要表达方式,也逐渐跨出国界,形成了丰富多彩的国际艺术舞台。在这个时代背景下,培养艺术类大学生的国际审美意识显得尤为迫切。通过了解不同国家、不同文化的艺术作品和审美观,艺术类大学生可以拓宽视野,开阔思维,培养跨文化交流的能力,从而更好地适应全球化的挑战。一些高校在引入国际艺术资源和交流方面进展缓慢，使得艺术类大学生难以拓展自己的艺术视野，缺乏与国际艺术界接轨的机会。这可能与学校的教育理念和资源配置有关。同时，一些高校可能过于关注本地文化，忽视了国际艺术的重要性，导致国际艺术元素在课程中缺失。学校的资金和人力投入也会影响国际交流的开展。引进国际艺术家、举办国际艺术展览等都需要大量的资源投入，一些学校可能因此望而却步。

第五章 新时代艺术类大学生审美价值观培育的实践措施

培育新时代艺术类大学生的审美价值观需要多维度的教育实践,包括明确审美价值观的教学定位、丰富审美价值观的教学内容和优化审美价值观的教学模式等。通过综合性的教育,艺术类大学生将能够更好地理解和欣赏艺术的多样性,同时发展自己独特的审美观。这有助于他们在未来的艺术创作和文化传承中做出更有价值的贡献。

5.1 价值取向:明确审美价值观的教学定位

艺术作为文化的表达形式,不仅是人类情感和思想的载体,更是社会价值观的反映。追求真善美是文艺的永恒价值,在当代社会,艺术类大学生作为新时代推进中国文艺事业快速发展的中坚力量,其审美价值观的塑造和引导至关重要。为推进文艺事业的繁荣,需在审美价值观教育中明确引导艺术类大学生"求真""向善"以及追求"崇高"的审美价值取向。

5.1.1 求真的审美认知

引导艺术类大学生形成"求真"的审美认知具有深远的现实意义,这不仅有助于他们个人的艺术创作和鉴赏能力的提升,还对于社会文化的发展和艺术领域的繁荣具有积极的影响。形成"求真"的审美认知不仅能够丰富艺术创作的内涵,更是艺术类大学生深化自我表达和升华作品意义的必由之路。艺术的价值在于其能够传达情感、思想和人类精神,而这些要素只有在真实性的基础上才能使艺术的价值得到充分的展现。艺术作为情感的表达工具,只有将真实的情感融入作品中,才能引起人们共鸣。在"求真"的审美认知下,艺术类大学生会更加坦诚地面对自己内心的情感，不回避痛苦、忧虑或欢乐，从而在作品中创造出真实的情感世界。人们通过作品能够感受到作者的真诚，从而在情感上与创作者产生共鸣，达到情感传递的最优效果。

　　艺术作为思想的表达媒介，需要在真实性的基础上深化对主题和议题的思考。通过对社会、人性、生活等议题的真实反思，艺术类大学生能够在作品中探讨更深层次的哲学和人文问题，使作品在思想上更具厚重感。这种思考的深度能够丰富作品的内涵，使其不仅仅是一种感性的表达，更是一种深刻的思想交流。在"求真"的审美认知指导下，艺术类大学生还能够在创作中探索人类精神世界。艺术具有深刻的精神维度，可以通过对崇高价值和生命意义的追求，体现人类对于真理和意义的不懈探索。在创作过程中，艺术类大学生可以通过对生命、人性和宇宙的思考，将个体情感和宏大主题相融合，从而呈现出更具哲学深度和文化厚度的艺术作品。

　　"求真"的审美认知对于提升艺术类大学生的审美鉴赏水平具有重要作用。在艺术作品面前，人们往往追求深刻的情感和真实的体验。一个具备"求真"审美认知的艺术类大学生，能够更全面地理解作品所包含的内容，可以更敏锐地捕捉创作者的意图，从而获得更丰富的审美体验，这种认知有助于他们深入探索作品背后的意义和情感。艺术作品往往蕴含着丰富的情感和思想，但这些信息并不总是显而易见。具备"求真"的审美认知的艺术类大学生，会更加耐心地探索作品中的细节，他们会关注作品中的情感氛围、构图结构、色彩运用等方面，从而更全面地理解作品所要传达的信息。更加愿意深入思考作品的每一个元素，从而领悟到作品的更多层次。同时，这种认知能够帮助艺术类大学生进行更广泛的艺术交流和传播。他们的审美体验和理解能力在很大程度上影响着他们对作品的评价和传播。能够从艺术作品、现实生活中解读出更具有代表性的深刻思想，并通过艺术创作再将其分享给其他人。这种交流和传播可以促进不同观点的碰撞，丰富作品的解读，有助于艺术的多元发展。

　　塑造"求真"的审美认知对于推动社会文化的进步具有重要作用。在当代社会，信息的爆炸和虚假信息的泛滥使人们更加渴望获得真实和真理。艺术作为文化的重要组成部分，有着独特的传递"真"的能力。通过艺术作品表达

第五章　新时代艺术类大学生审美价值观培育的实践措施

真实的情感和社会问题,能够引发人们对于真相和现实的思考。培养艺术类大学生"求真"的审美认知,可以通过艺术作品更好地为社会发声。艺术作品的真实表达能够触动人们内心的共鸣,引发共同的情感体验。通过艺术的表达,人们能够更加真切地感受到作品中所揭示的真实情感,进而与之产生共鸣。这种共鸣不仅加深了人与人之间的情感联系,也有助于推动社会情感的共识。当艺术类大学生深入探索真实情感,并通过艺术作品这个载体将情感传递出来时,能够引起人们对于社会问题的关注和思考,从而推动社会对于这些问题的关注和改变。

艺术作品的真实表达不仅仅是一种审美享受,它还承载着深刻的社会意义。通过艺术,艺术类大学生可以勇敢地揭示社会的现实问题,这些问题可能涉及不平等、不公正、环境破坏、人权侵犯等。这种表达有助于唤起人们对这些问题的关注和反思。艺术作品的力量在于其独特的方式,能够引起观众的共鸣和情感共鸣。艺术类大学生通过对社会的深入观察和思考,可以将这些问题以独特的形式呈现给观众,让他们更加清晰地看到问题的本质和影响。这种审美的表达不仅能够引起观众的共情,还能够激发他们对问题的思考和解决。基于此,艺术作品也具有引领社会价值取向的潜力。积极的审美价值观能够传达出对于道德、公正和人道主义的强烈信仰。

艺术类大学生的审美认知,特别是坚持"求真"的态度,对于构建艺术领域的信誉和声誉至关重要。在当前充斥虚假信息和商业化追逐的时代,艺术作品的真实性变得格外重要。在艺术领域,真实性不仅仅是作品本身是否真实,还涉及艺术家的真实表达和创作动机。只有坚持追求真实的审美认知,艺术类大学生才能在艺术界建立起可信赖的声誉。这种声誉将吸引更多观众和评论家的关注,他们将更愿意认同和欣赏那些真实的作品。在当今社会,许多艺术产业都受到商业利益的驱动,导致很多作品趋向于迎合市场需求而丧失了真实性。这使得那些坚守真实原则的艺术家和学生显得更为珍贵,因为他们的作品能够触及人心,引发深刻的思考,而不仅仅是追求商业成功。

坚持"求真"的审美认知有助于艺术类大学生建立可信赖的声誉。在艺术领域,信誉是艺术类大学生得以发展和展示自己作品的基石。艺术类大学生只有持续地传递"真实",创作真实的作品,才能在人民心中树立起诚信和可靠的形象。这种可信赖的声誉将为艺术类大学生带来更多的机会和资源，也能够吸引更多的关注和认同，进而推动其事业的发展和壮大。因此，引导艺术类大学生"求真"的审美认知有助于推动艺术领域的进步和突破。在权衡商业成功和真实表达之间，艺术类大学生选择保持真实是一种勇气和责任。这种勇气和责任使艺术类大学生能够创造出具有独特思想和艺术表现形式的作品，拓展艺术领域的边界。这种突破和进步将为整个艺术界带来新的灵感和创新，推动艺术的发展和繁荣。

在艺术领域，揭示美、塑造美是艺术的使命，模仿客观事物是艺术获得美的重要途径，对于自然的模仿有利于艺术对美的呈现与表达。在很长一段时间，对于自然的模仿程度成了评判艺术作品"优劣"的审美标准。黑格尔提出靠单纯的模仿，艺术总不能和自然竞争，它和自然竞争，那就像一只小虫爬着去追大象。对于自然刻意的模仿，总是追逐在纷繁复杂的自然之后，难以把握自然之规律、穷尽自然之妙，甚至机械的模仿会造成艺术的弄巧成拙。由单纯的模仿所激发的愉悦是短暂的、有限的。

就绘画艺术而言，在创作过程中所产生的乐趣远比对临摹现有作品更具审美趣味。即便模仿的程度已经达到了炉火纯青的程度，因缺乏创造性，该艺术形式所产生的审美趣味依旧是十分有限的。概括、虚构等是常用的艺术手段，其是为了更好地表现真实，更加真切地塑造"典型"。通过不同艺术手段的加工，能够避免艺术对生活和客观世界的机械复刻与摹写。因此，客观真实以审美的方式形成了艺术真实。在创作中，艺术类大学生必须以敏锐的洞察力来审视大自然，从微观到宏观，发现隐藏在细微之间的奥妙。这需要他们超越表面的表象，深入探索事物的内在本质。例如，一片凋零的叶子可能蕴含着生命的起落，一滴水珠可能映射着时间的流逝。通过这种深度观察，艺术类大学生能够呈现出自然界的真实美感，唤起人们内心深处的共鸣。

艺术作品应当深刻反映人类情感、思想、欲望和矛盾等方面的真实性。通过刻画人物的内心世界、塑造人物的性格特点，艺术类大学生能够创造出鲜活且具有共鸣力的角色形象。对社会的真实理解也是艺术类大学生必须考虑的方面，他们作为时代青年，理应通过自己的力量承担起引导社会思考和推进社会发展的责任。通过艺术作品表达社会的真实，艺术作品可以成为探讨社会议题的有力工具，唤起人们对现实问题的关注。艺术类大学生可以以敏锐的眼光关照现实的社会生活，捕捉到社会变革的迹象和需求，将这些元素融入作品创作中。通过作品所传递的信息，使人们得以对社会状况有更深入的理解和思考，拓展人们的思维边界。这种引导思考的力量能够影响人们，引发共鸣，并在某种程度上推动社会的变革和进步。

"人民性"是社会主义文艺的核心范畴与内在本质，文艺是人民的文艺，文艺为了人民而服务。人民文艺从社会学、哲学、符号学的视角出发，艺术交往论、社会主义审美意识形态论、文学反映论是人民文艺的基本特性。检验文艺作品的优秀与否有思想性、艺术性、观赏性的三个标准，人民性是这些标准的前提。人民性是在中国共产党的领导下开展艺术批评的前提条件，艺术创作需要始终遵循"真、善、美"辩证统一的价值尺度，审美价值观应体现并服务于"为人民服务"的社会主义核心价值观。

习近平总书记在文艺工作座谈会上的讲话提出："文艺创作方法有一百条、一千条，但是，最根本、最关键、最牢靠的办法是扎根人民、扎根生活。"我国已经进入中国特色社会主义新时代，坚定文化自信，铸就中国特色社会主义文艺新辉煌是新时代的发展目标，社会主义文艺应充分体现"人民性"这一核心理念，即以人民为中心的创作导向是新时代艺术创作的重要课题。源于人民、为了人民、属于人民，是社会主义文艺的根本立场，也是社会主义文艺繁荣发展的动力所在。艺术创作扎根于人民，感受时代的波澜壮阔，这是艺术创作者体悟艺术本质、磨炼艺术表达不可或缺的途径。

现阶段，人们生活的物质需求基本得到满足，对精神生活有了更高的追求。基于艺术的情感性、精神性特征，社会发展和人民向往的美好生活都需要艺术的参与。时代与生活是新时代艺术类大学生开展艺术创作的永恒范畴，是创造笔墨乐章与丹青华彩的创作基础。与此同时，不同的时代、不同的生活环境人民的利益需求不同，艺术创作者在艺术作品中如果能够真实地反映人民的需求，因产生情感共鸣而受到人民的欢迎，这样的作品就是高扬主旋律的符合时代发展的优秀作品。同时，艺术创作需要保证主旋律与多样艺术形式的辩证统一，否则极容易导致艺术上的审美疲劳。

从历史层面讲，艺术作品的表现应该具有历史可能性，需要平衡好艺术渲染与历史真实的关系。在重大的历史事件上不可以随意发挥，如党和国家发展的阶段性历史事件，在艺术文本叙事上，要保证题材内容的真实性。审美价值观教育对于培养艺术人才具有重要意义，其中一个重要方面是引导他们追求历史真实。艺术作为人类文化的重要组成部分，反映了不同时代的思想、价值观和审美趣味。通过深入了解历史，艺术类大学生可以更好地理解艺术作品背后的文化脉络，塑造更加全面的审美观念和创作理念。历史是人类经验的积淀，每个时代都有其独特的背景和价值观。通过学习历史，艺术类大学生可以领略不同时期的社会背景、文化氛围和精神追求，有助于优秀艺术作品的创作。

艺术作品往往蕴含着丰富的象征、隐喻和情感，这些元素往往与历史事件、人物和价值观息息相关。将作品置于其所处历史语境中审视，有助于他们更好地理解作品的内涵，而不是仅仅关注艺术的表面形式。通过了解历史，艺术类大学生可以更准确地解读作品中的意义，捕捉到其中所蕴含的文化符号和情感内涵，从而更好地将这些元素融入自己的创作中。同时，历史上的不同艺术运动、流派和风格都留下了独特的痕迹，这些痕迹对于艺术类大学生来说仍然具有启发意义。通过学习历史上的艺术成就和失败经验，艺术类大学生可以拓展自己的创作思路，借鉴历史中的创新理念和技巧，从而在当代艺术创作中展现更丰富多样的表现形式。

以上讨论了引领艺术类大学生"求真"的重要性，以及"真"在艺术中的集中表现。在此基础上，需要明确在审美价值观教育过程中，该如何引导艺术类大学生"求真"的审美认知。这涉及培养艺术类大学生深刻理解和欣赏真实、纯粹、内在美的能力，能够培养他们更加深入的审美体验和独立的审美判断力。为了达到这个目标，可以通过以下具体路径来引导艺术类大学生"求真"的审美认知。

首先，培养扎实的基础知识，提升艺术类大学生的人文素养。在培养艺术类大学生追求"求真"的审美认知过程中，对于理论知识的学习至关重要。知识可以让艺术类大学生站在更广阔的视角来观察艺术作品，理解其内在的意义与价值，进而更容易发现其中蕴含的真实之美。艺术作品是艺术创作者情感和思想的抒发，深刻的感知能力是欣赏作品真实美的关键。艺术类大学

第五章 新时代艺术类大学生审美价值观培育的实践措施

生需要培养敏锐的感知能力，去捕捉作品中那些微妙而珍贵的元素。通过参与绘画、雕塑、摄影等实际创作，他们能够更好地理解形式、色彩、质感等艺术要素，从而更加敏感地洞察作品的内在美。

审美价值观教育也鼓励艺术类大学生在欣赏作品时，尝试从多个角度去观察、感受。通过这样的实践，他们可以更深入地体验作品的真实之美。值得强调的是，培养艺术类大学生的艺术感知能力需要时间和耐心，因为艺术感知是一种深度的心灵体验，无法急功近利。时间的积累是培养艺术感知的关键。艺术类大学生需要花时间观察、欣赏、思考艺术作品，从中汲取灵感和体验。这个过程是循序渐进的，需要反复实践和反思，难以在短时间内完成。艺术类大学生在欣赏艺术作品时可能会面临困惑、挫折，需要耐心地探索和理解。老师和导师需要耐心引导，鼓励艺术类大学生发现独属于自己的感知方式和风格，不断提高他们的审美能力。艺术类大学生自己也要有耐心，不断磨炼自己的艺术感知能力，不急于求成。

其次，注重内心的反思和情感体验是培养艺术类大学生"求真"的审美认知的重要一环。通过将自己的内心情感与艺术作品联系起来，艺术类大学生可以深入体验作品所传达的情感和意义，从而更加真实地理解作品的内在美。教师在这一过程中起到关键的引导作用，他们可以鼓励艺术类大学生在欣赏艺术作品后，进行个人的审美体验和反思。通过写作、绘画、音乐创作等方式，表达自己在作品面前产生的灵感。这些自我表达的过程，可以让他们更加深刻地理解自己与作品之间的情感联系，同时也能够更好地体会作品所传递的情感内涵。

教师在艺术类高校教育中扮演着关键的角色，不仅仅是传授知识和技能，还应该引导艺术类大学生进行口头表达、小组讨论和课堂演讲等活动。这些交流和表达机会对于培养学生的审美价值观和艺术理解至关重要。在这些场合中，可以鼓励艺术类大学生用自己的语言来诠释艺术作品，分享他们对作品的情感和理解。这种过程有助于学生更深入地思考和表达自己的观点，从而提高他们的表达能力。这有助于他们更全面地理解和分析艺术作品，并培养独立思考的能力。这样的经验不仅有助于他们在艺术领域取得更好的成绩，还有助于他们在生活中更敏感地感知和欣赏美的存在，提高了他们的审美价值观和综合素养。

最后，倡导独立思考和多元视角是培养艺术类大学生"求真"审美认知的重要途径。独立思考赋予学生自主性，使其能够质疑、反思传统美学观念，寻求更深入的理解和更富创意的表现方式。通过独立思考，艺术类大学生可以超越表面的审美观点，深入挖掘作品背后的意义和情感，进而培养更为敏锐的审美感知能力。多元视角则能够拓宽学生的审美视野，让他们接触不同文化、不同艺术流派和不同创作风格，从而更全面地理解艺术的复杂性和多样性。这有助于培养艺术类大学生更宽广的审美胸怀，不拘泥于单一标准，能够欣赏多种不同的审美表达形式。

培养独立思考的关键是鼓励艺术类大学生发展批判性思维能力。教师可以通过提出问题、引发讨论和鼓励学生质疑传统观点来实现这一点。可以提供机会让艺术类大学生独立策划和执行艺术项目，鼓励他们承担责任并从失败中学习经验。在面对艺术创作的各种挑战时，他们需要相信自己的判断力，勇敢地探索新的想法，这有助于他们培养独立思考的勇气和自信。在审美价值观教育中，也应该鼓励他们不断挑战自己，引导他们主动尝试各种不同的艺术形式和风格，即使这些尝试可能失败。失败不应被视为挫折，而应被看作是成长的机会。通过面对失败，艺术类大学生可以反思自己的创作，找到改进的方法，并更好地理解艺术的本质。在反思的过程中，外界的评价对于艺术类大学生的成长至关重要。提供反馈和指导也是培养批判性思维的重要组成部分。教师和其他同学的建议可以帮助艺术类大学生审视自己的作品，发现其中的不足之处，并改进创作。当然，教师与同学的意见并非完全正确，需要艺术类大学生始终保持理性的思考，明辨什么是对自我发展有益的，再有针对性地修改自身的不足。

培养艺术类大学生多元视角的关键在于鼓励他们积极参与和体验多样性。学校应该积极促进文化交流和多元文化教育。积极举办国际文化节、邀请国际艺术家和学者举办讲座，以及鼓励艺术类大学生参加国际交流项目，帮助学生深入了解不同文化的艺术传统和观点，拓宽他们的艺术视野。跨学科教育是培养多元视角的重要内容。高校可以鼓励艺术类大学生参加跨学科课程，与其他学科的学生一起合作，探讨不同领域的问题。这有助于打破学科界限，

第五章 新时代艺术类大学生审美价值观培育的实践措施

促进跨领域思考,从而培养多元视角。此外,学校应该引导艺术类大学生积极讨论社会和政治问题。艺术是社会的一面镜子,艺术创作者应该关心社会问题并表达自己的看法,从而培养他们的社会责任感和多元视角。

5.1.2 向善的审美行为

"善"指人的实践符合目的和需要,但由于人是社会的人,个体的需要、利益和目的只有通过社会实践才能实现。"善"的更为本质的意义在于个体的实践同社会发展的普遍利益的一致。李德顺认为,除了伦理学上的狭义的"善"以外,还存在着一个广义的、作为世界观、人生观、一般价值观的"善"的概念。它既包括道德的"善",也包括经济利益、政治利益的"利",而它们在现实生活中总是成为一个整体。因此,在审美价值观教育过程中,引导艺术类大学生"向善"的审美行为,需要从道德、经济、政治三个维度展开。

道德的"善"是主体的内在与行动的有机结合体。审美价值观教育不仅仅是培养人欣赏美的能力,更是塑造人品德和行为准则。引导艺术类大学生"向善"的审美行为能够使他们在审美活动中更加深入地思考人性、社会与道德之间的关系,培养他们的道德情感和判断力,有助于培养构建和谐社会所需要的公民素质。通过将道德融入审美教育,能够让美成为一种真善美的统一,引导艺术类大学生在追求美的同时培养善良的品德,为社会的进步和人的全面发展创造更加有益的环境。

艺术作品应该积极弘扬中华优秀传统美德,传递中华文化的精神内涵。通过艺术作品展现孝道、忠诚、信仰、礼仪、谦逊、勤劳、诚实等价值观,不仅能够在审美层面引发共鸣,更能够在道德意义上引导人们的行为。孝道作为中华文化的核心,强调尊重长辈、关爱家人。艺术作品可以通过家庭场景、人物关系等内涵"孝"的价值理念,使人们在欣赏作品的过程中产生共鸣,深思自己在家庭中的角色和责任。忠诚与信仰的形象在历史故事中得到深刻表现,艺术作品能够以英雄人物为媒介,传递出对事业和信念的坚持,鼓励人们在面对困难时保持勇气和信心。礼仪与谦逊在人际交往中具有重要地位,艺术作品可以通过人物的言行举止、礼仪仪容等展现出尊重与和谐的价值观。这种价值观能够引导人们在现实生活中关注他人的感受,培养友善的交往方式。勤劳与诚实是中华民族奋斗精神和道德原则的体现,通过作品展现人物的努力和诚实品质，传递对于这些美德的肯定和推崇；等等。

中华优秀传统美德不仅仅是价值观，更是一种精神内涵，是中华文化的重要组成部分。艺术作品通过情感表达、人物刻画、故事情节等方式，将这些美德融入作品中，使之得以传承和发展。艺术类大学生在欣赏这些作品时，不仅在审美上获得享受，更在心灵层面感受到对传统文化的深刻传达。艺术作为一种表达方式，影响着大众的思想与行为。艺术也能够引导艺术类大学生思考人生意义、价值取向和行为准则。艺术类大学生在感受这些价值的同时，或许会在现实生活中更加注重道德行为，自觉践行传统美德，为社会的和谐与进步做出积极贡献。

引导艺术类大学生"向善"的审美行为需要多方面的努力。通过教育、创作、鉴赏以及举办相关活动等，可以促进艺术类大学生在审美活动中更加积极地关注和传承道德价值。艺术作为一种表达方式，能够激发人们内心深处的情感和思想。通过不断地弘扬善良、正义等价值观，艺术将成为社会道德的一面镜子，引导人们在审美行为中追求美的同时坚守道德，为社会创造更加和谐、美好的未来。

从经济的维度来看，现代社会的飞速发展，推进了人民物质生活水平的提高，过度注重经济效益使得人们更加追求精神上的满足。现阶段，精神上的空虚正在逐渐地腐蚀青少年的内心。文艺便承担了丰富人民精神世界的艰巨任务，党和国家高度重视文艺的发展，随着文化强国策略的贯彻与落实，艺术如何与时代的发展同向同行逐渐成为亟待解决的问题。经济基础决定上层建筑，经济效益会影响道德、艺术、法律、哲学等社会意识形态。经济与艺术有着复杂又密切的联系，两者相互促进，相互制约。只有深刻地认识到经济基础对艺术的重要性，才能透过表面现象看透内在本质，进一步剖析艺术经济所内含的深层原理。从经济层面的维度出发，艺术会随着社会经济的发展而有略微的变化。在经济萧条的社会背景之下，艺术发展的重点是实用功能，精神引领功能较弱。经济的稳定发展阶段，人民逐渐地得到物质生活的基础保障，便要求艺术愉悦人心、精巧精美等多种精神上的需求满足。表面看来艺术对于经济是一种依附关系，但是需要明确的是，艺术要有信仰定力，既要做到感时代之变化，能够审时度势，又要保有独特的艺术"风骨"。

第五章 新时代艺术类大学生审美价值观培育的实践措施

艺术类大学生的创作不仅仅是为了个人兴趣和情感表达，更应该在追求经济效益与社会效益的有机统一中发挥重要作用。艺术作品既可以成为经济增长的新引擎，也可以促进社会和谐、文化传承。艺术类大学生的创作可以为经济带来新的活力。如今，创意产业已成为许多国家和地区的重要支柱产业，包括影视、音乐、设计、时尚等领域。艺术类大学生作为未来的创意从业者，他们的作品和创意能够推动创意产业的发展，为经济增长注入新的动力。例如，他们可以设计出独特的产品、创意营销活动等，为企业带来创新的市场竞争力，从而创造更多的就业机会和商业价值。在经济利益的驱动下，艺术作品具有更加强大的社会影响力，有助于引领社会主义核心价值观和文化传承。艺术类大学生可以通过创作关注社会问题、探讨人类共同关心的议题，通过作品传达正能量、积极价值观，进而引导社会舆论和思考。

艺术作品有助于文化传承和创新。艺术类大学生在创作过程中可以汲取传统文化的精髓，将其融入现代创作中，使之焕发新的活力。他们可以通过艺术作品传承民族文化、宣扬地方特色，使文化得以传承与发展。艺术类大学生能够创造出独特的现代文化符号，推动文化创新，使文化更加多元、丰富。艺术作品不仅是经济交换的商品，更是一种情感和美的体验。艺术类大学生的创作能够为社会带来美的享受，提升人们的精神层面，净化社会文化环境。无论是美轮美奂的绘画、动人心魄的音乐，还是令人思考的雕塑，都能够为人们带来精神上愉悦和启发。

在创作过程中，艺术类大学生应该坚持内心的真诚和创作的独立性。作为创作者，他们的创意源自内心的情感和思考，这种真实性使得作品更加具有深度和共鸣。当创作过程受到商业利益的左右时，创意可能会受到扭曲，失去原有的纯粹性。因此，保持独立的创作思维，追求真实的情感表达至关重要。艺术类大学生应该不断挑战创作的边界，追求独特和创新。商业化的压力往往会引导创作者走向市场上已经取得成功的路径，但这样可能导致创作的同质化和平庸化。为了实现经济效益和社会效益的有机统一，艺术类大学生应该保持创新的勇气，突破传统的束缚，探索新的创作领域和表现形式，从而为社会带来新的视角和体验。艺术类大学生还应该在创作中注重社会责任和价值导向。他们的作品能够影响人们的情感和思考，应当在创作中传递积极的社会价值观。无论是关注社会公平、环保问题，还是呼吁人们思考人生意义，作品都应当承载一定的社会责任，以引导社会向更加美好的方向发展。

从政治的维度来讲，政治的"利"在于为人民谋利，全从政治的角度来看，公平正义是政治体系的核心价值之一。在中国，中国共产党始终把为人民谋利、全心全意为人民服务作为根本宗旨。在这个背景下，艺术创作自然也应当贴近人民，为人民表达情感、呈现现实、激发思考。艺术不应该脱离社会和政治，它可以是一种反映社会现实、传递社会价值观念的媒介，通过艺术作品，人们可以感受到公平正义的价值理念。艺术创作在政治维度上有着特定的意义。中国共产党强调人民至上，艺术应该始终坚定以人民为中心的创作导向。这意味着艺术类大学生应当关注人民的需求、关切人民的疾苦，用他们的作品传递出人民的声音和情感。艺术不仅仅是个人的创作，更是社会的共同财富，是人民的艺术。艺术类大学生应当意识到自己所肩负的社会责任，要用自己的才华和创意来服务人民，推动社会向更加公平正义的方向发展。

艺术类大学生具有独特的创造力和表达能力，可以通过不同的方式来弘扬公平与正义。艺术不仅是一种表达情感和思想的媒介，还可以成为社会变革的强大工具。艺术创作者可以通过艺术作品表现这些问题，引发大众的深刻思考，从而促进大众对于公平与正义的讨论和行动。通过艺术可以为边缘化的群体提供发声的机会。许多社会问题涉及弱势群体的权益，他们的声音通常被忽视或压制。艺术类大学生可以利用他们的作品来代表这些群体，讲述他们的故事，揭示社会不公，并争取公平和正义。这种艺术形式被称为"社会正义艺术"，它有助于唤起对边缘化群体的关注，并推动社会变革。同时，艺术可以通过宣传教育来传递公平与正义的信息。艺术类大学生可以创作教育性的作品，以帮助人们更好地理解社会问题的复杂性，以及如何共同努力解决这些问题。这可以通过绘画、纪录片、社会剧等形式来实现，有助于提高公众对公平与正义的认识，并激发积极的行动。

然而，在审美教育过程中需要小心谨慎。尽管政治的影响可以在艺术创作中被体现，但艺术的审美标准不应仅限于政治标准。过度地将政治标准强加于审美评判中可能导致艺术的创意和自由性受到限制,艺术类大学生可能会被迫创作符合某种政治思想的作品,从而削弱了艺术的独立性和创新性。在审美教育中,应该鼓励多元化的审美观点。艺术是多样性的,它可以通过不同的风格、主题和表现形式来传达各种情感和意义。艺术类大学生在艺术创作过程中应该保持独特的创造力和思考,坚定正确的审美追求,而不是被政治标准所束缚。

5.1.3 崇高的审美理想

胸怀天下的爱国主义思想、为社会主义不懈奋斗的热情、坚定共产主义远大理想,这三个维度共同构成了引导艺术类大学生树立崇高的审美理想的重要元素。在创作中,艺术类大学生可以将这些思想融入作品中,并通过艺术的力量传递出对国家、社会和人类未来的美好愿景。

爱国主义作为一种崇高的情感和意识,根植于人们对国家的深厚热爱以及对国家利益的真诚关怀。对于艺术类大学生而言,胸怀天下、将爱国主义思想融入审美理想中,既是一种责任,也是一种使命。在他们的创作中,这种情感可以在多个维度上得到体现与传递。爱国主义激励着人们去关心国家的命运和繁荣。艺术类大学生能够通过艺术作品传递出对国家的情感,让人们深切感受到浓郁的爱国之情。可以利用绘画、音乐、文学等多种艺术形式,展现国家的美丽风光、独特文化,唤起人们对国家未来的希望和祝愿。这样的作品不仅仅是艺术创作,更是爱国主义情感的传承与表达。

爱国主义强调国家的独立和尊严。艺术作品在传递历史与文化时,要展示国家的自信与坚韧。艺术类大学生可以在艺术创作过程中,回顾国家的兴衰沧桑,描绘民族的英雄壮举,传承民族的精神底蕴。基于艺术作品可以展现对于民族的自豪感,让国家的文化价值得以传承,民族的精神得以弘扬。在传递爱国主义情感的同时,艺术类大学生也承担着为国家崛起与发展贡献力量的重要责任。他们可以通过作品,展示国家的创新成果、经济发展、科技进步等方面的成就,为国家的繁荣发展呐喊助威。有助于推进国家认同的社会共识,促进国家和谐稳定的发展。他们的创作不仅仅是对国家的美好展望,更是为国家的兴盛助力。

社会主义是一种崇高的社会制度,社会主义核心价值观强调人民的利益至上、公平正义、集体主义和共同富裕。作为社会主义核心价值观的传播者和弘扬者，艺术类大学生承载着艰巨的时代使命，应当在其创作中激发对社会主义的热情与奋斗精神。在这个过程中，艺术类大学生不仅为自己的艺术追求注入了更为深刻的意义，也为社会主义事业的发展贡献着独特的力量。社会主义核心价值观体现了社会主流的价值观念、道德准则和行为规范。它强调社会的公平正义，关注人民的幸福与福祉，倡导集体主义与协作精神。这些价值观在社会主义国家的发展进程中起到了引领作用，也是推动社会进步的重要力量。艺术类大学生作为社会主义核心价值观的传播者，他们的创作不仅仅是个人的艺术追求，更是对社会主义核心价值观的践行和传递。

艺术作品是思想、情感和艺术表达的融合，是价值观的具象化。艺术类大学生在创作中应当努力将社会主义核心价值观融入作品之中，让艺术作品成为价值观的强有力传播媒介。艺术可以作为通用的语言来反映社会的典型问题，可以唤起人们的深入思考，促进社会的改革与进步。激发艺术类大学生为社会主义奋斗的热情，需要在教育与引导方面多方面努力。学校应当加强社会主义核心价值观的教育，让艺术类大学生深刻理解其意义和内涵，将其内化为个人信仰。在审美教育中应当注重引导艺术类大学生思考社会问题，激发他们的社会责任感。也可以通过展示社会主义事业的成就，激发艺术类大学生的爱国情感和荣誉感，使他们在创作中能够积极表达对社会主义的热爱。

艺术类大学生应坚定共产主义信仰，将对人类社会的共同关怀融入他们的审美观念中。在艺术创作中，借助独特的表现方式，他们有机会传达对共产主义理想的渴望，引导人们思考人类社会前进的方向。艺术类大学生可以通过他们的作品表达这种关联，呼吁人们注重彼此的需求，推动社会的和谐发展。共产主义的核心理念是实现社会的公平和平等，消除贫富差距，以确保每个人都能享受到基本的生活需求。艺术是一种表达情感和思想的强大工具，能够深刻地触及人们的内心。因此，艺术类大学生可以通过他们的作品传达对这一理想的热情，唤起观众对更美好社会的向往。共产主义理念与艺术之间存在深刻的联系。艺术类大学生有责任将这一理念融入他们的创作中，通过独特的表现方式传达对人类社会共同繁荣的向往，引导人们思考社会的发展方向，促进社会的和谐与进步。他们的作品有潜力成为社会改革的催化剂，激励人们朝着更美好的未来前进。

在艺术创作中融入共产主义理想，不仅仅是一种创作主题，更是一种思想的渗透。艺术类大学生可以通过情节、人物塑造、意象等方面，传达出对共产主义的理解和向往。作品可以描绘一个人类社会中真正平等和谐的场景，引导人们深入思考这种理想在现实中的实现途径。艺术创作不仅仅是展示个人审美情趣，更是一个社会价值观的表达。艺术类大学生在创作中，将共产主义远大理想融入其中，不仅可以使作品更具内涵，也为社会进步的探索贡献自己的一分力量。

5.2 知识涵养：丰富审美价值观的教学内容

5.2.1 红色文化的融入

在中国共产党百年的发展历程中，红色文化是我们宝贵的文化遗产，是党经历了艰苦而卓越的革命斗争后留下的财富。红色文化充分展现了中国共产党人的政治本色，也体现了他们和人民的高尚品格。新时代背景下，红色文化有助于培养艺术类大学生吃苦耐劳、顽强拼搏的品质，提升个体的思想道德素质。党的十八大以来，习近平总书记强调，要把红色资源利用好、把红色传统发扬好、把红色基因传承好。创新性地发展红色文化至关重要，在高校实施立德树人的教育实践中，将红色文化融入人才培养全过程，有助于培养社会主义现代化建设者和接班人。

1. 红色文化在高校艺术类大学生教育过程中的目标定位

红色文化在高校艺术类大学生的教育过程中具有重要的目标定位。红色文化作为中国特色社会主义文化的重要组成部分，蕴含着深刻的历史背景和意义，为培养具有时代情怀、文化自信和社会责任感的时代新人提供了丰富的精神滋养和创作素材。红色文化教育有助于塑造高校艺术类大学生的理想信仰和社会责任感，其承载着中国共产党的初心使命和革命斗争的历程，通过让艺术类大学生深入了解党的奋斗历程和革命精神，可以激发他们的责任感意识。在艺术创作中，他们能够更好地关注社会问题，反映人民生活，以艺术的方式传递正能量，为社会的发展和进步贡献力量。

红色文化能够启迪高校艺术类大学生的创作灵感和审美观念。红色文化包含了丰富的历史故事、英雄人物、革命情感等元素，这些元素可以成为艺术类大学生创作的源泉。通过深入挖掘红色文化，艺术类大学生可以从中获得独特的创作灵感，创作出具有深度和内涵的作品。同时，红色文化也有助于培养艺术类大学生的审美意识，让他们在创作中注重传达情感、价值观和历史记忆。通过学习红色文化，艺术类大学生能够更好地理解中国的历史和文化，增强对中华文化的自信，也能够在国际文化交流中展现中华文化的独特魅力。

2. 构建完整的红色文化课程体系

构建完整的红色文化课程体系旨在传承和弘扬中国共产党的革命精神、党史学习教育和社会主义核心价值观。

红色文化作为中国革命历史和社会主义思想的重要组成部分，为艺术类大学生提供了独特的教育机会。通过学习红色文化，艺术类大学生可以深入了解中国近现代历史中的伟大革命斗争，感受党的艰辛奋斗和人民群众的伟大力量。这有助于培养他们的社会主义核心价值观，强化对党和国家的认同感，激发对国家前途命运的责任感。通过不同的艺术表达方式，艺术类大学生可以更生动地感受到历史事件和英雄人物的伟大，这将深刻影响他们的审美情感。这不仅有助于他们的审美素养提升，还能够激发他们的创作激情，创作出更多反映红色文化的艺术作品。

红色文化课程体系的基石应该是对中国革命历史和社会主义思想的基本了解。艺术类大学生需要学习中国革命的历史事件、重要人物、思想理论以及与之相关的文化艺术作品。这种基本了解对于艺术类大学生深刻理解红色文化的内涵和背景至关重要。通过学习中国革命历史，艺术类大学生可以了解中国近代史上的艰苦斗争和社会变革，包括辛亥革命、五四运动、抗日战争、解放战争等历史事件，以及伟大领袖如毛泽东、周恩来、邓小平等的杰出贡献。历史和思想的学习相辅相成，艺术类大学生还应该学习与红色文化相关的文化艺术作品，它们承载着红色情感和社会主义理念。通过欣赏这些作品，艺术类大学生可以更深入地感受到红色文化的审美价值，体验到艺术的力量如何传递情感和思想。

第五章　新时代艺术类大学生审美价值观培育的实践措施

实地考察和参与社会主义实践活动是构建完整的红色文化课程体系中至关重要的一环。通过亲临历史遗迹和博物馆，艺术类大学生可以感受到历史事件的真实氛围，重温伟大领袖的足迹，亲身体验那段充满艰辛和牺牲的历史。这不仅有助于加深对红色文化的理解，还能够激发艺术类大学生内心的情感共鸣，培养他们的爱国情感和对社会正义的坚守。另一方面，参与社会主义实践活动可以将艺术类大学生的红色文化教育与社会责任相结合。通过志愿服务、公益活动等形式，他们能够亲身感受到社会问题的现实性和紧迫性。可以通过实际行动，将红色文化的价值观付诸实践，为社会的进步和发展贡献自己的一分力量。

红色文化不仅是历史的一部分，也与当代社会和时事问题有关。学校可以帮助艺术类大学生将红色文化与当前社会问题联系起来，探讨红色文化的价值在当今社会中的意义。这有助于艺术类大学生更好地理解和传承红色文化。这种联系还可以激发他们的参与精神，鼓励他们积极参与社会问题的解决和改善。通过将红色文化与当今社会挑战联系起来，可以引导艺术类大学生更好地理解如何运用红色文化的原则和价值观来应对当代问题，促进社会的公平、正义发展。这样的教育不仅有助于艺术类大学生的个人成长，还有助于社会的进步和繁荣。因此，红色文化课程应该成为培养新时代公民的重要一环。

3. 将红色文化资源融入艺术类大学生教学内容

将红色文化融入教材、融入课程是继承和弘扬中国革命文化的重要环节。一方面，红色文化的融入能够丰富文化的多样性，为艺术创作提供丰富的文化资源；另一方面，艺术类大学生能够进一步领悟到如今幸福生活的来之不易，有利于弘扬中国革命先烈的奋斗精神。通过学习红色文化，能够帮助艺术类大学生进一步明确自身在社会中的定位，清楚自身肩负中华民族伟大复兴的艰巨任务。这不仅有助于有效纠正目前艺术界普遍存在的调侃崇高、颠覆经典的现象，还能逐渐巩固艺术类大学生的社会主流意识，为他们提供价值判断的标准。

为了引导艺术类大学生树立正确的审美价值观，需要打破"为艺术而艺术"的思想。通过对红色文化素材的分析和梳理，能够帮助高校艺术类大学生更好地理解红色文化的内涵及所产生的历史价值，提高他们的人文素养。在审美教育中，选择合适的红色文化资源十分重要，需要衡量现有红色文化资源的影响力，如中共一大会址、嘉兴红船等党史重要典型资源。在课程教学中，应将红色文化的内容与马克思列宁主义哲学理论相结合，通过理论联系实际的案例，引导高校艺术类大学生进入以中国化马克思主义基本理论为核心的艺术创作领域。在艺术实践中，可以将对红色教育基地的实地考察融入艺术类大学生的绘画写生过程，帮助艺术类大学生更深刻地理解历史事件，在环境的影响下，能够进一步深入地了解红色文化。

4. 以历史为鉴，集中开展红色文化专题教学活动

历史是一面镜子，映照出人类前行的足迹和智慧，也承载了丰富的红色文化。通过集中开展红色文化专题教学活动，艺术类大学生能够深入了解党的历史、社会主义核心价值观，激发创作灵感，可以提高审美价值观，培养社会责任感，为文化创作和社会发展做出积极贡献。红色文化专题教学活动旨在深入挖掘党的光辉历程，呈现英雄事迹，以历史教育的形式引导艺术类大学生感受党的初心和使命。在活动中，可以通过展览、讲座、研讨等方式，让艺术类大学生亲近历史，感受红色文化的情怀。例如，通过展示革命烈士的事迹和珍贵照片，讲述红军长征的艰辛历程，让艺术类大学生了解那段充满斗志的岁月，从而引发他们对英雄们的敬仰之情。也可以组织学生参观革命纪念地、烈士陵园等场所，让他们亲身感受革命先烈为国家和人民英勇奋斗的精神，激励他们在日常学习和生活中树立正确的价值观和人生观。

专题教学活动可以促进学科融合，这种跨学科融合的教学方法不仅丰富了课程内容，也激发了艺术类大学生的多元思维。在文学课上，艺术类大学生可以通过阅读红色题材文学作品，感受其中蕴含的英雄气概和家国情怀，从而培养他们的审美情趣和情感表达能力。艺术课堂则可以通过创作红色题材的艺术作品，将历史情感转化为艺术语言，让艺术类大学生在创作中深入思考红色文化的意义。哲学课程也可以借鉴红色故事，引导艺术类大学生思考人生意义、社会责任等问题，培养他们的思辨能力和价值观念。红色文化所蕴含的正义感、友爱精神和奉献精神，正是塑造他们品德的良好材料。通过深入了解红色英雄的事迹，艺术类大学生可以从中汲取正能量，将这些美

第五章　新时代艺术类大学生审美价值观培育的实践措施

好品质融入自己的成长过程中，逐渐形成崇尚公平正义、关心他人、乐于助人的行为准则，为社会的和谐发展做出积极贡献。

5.2.2　西方优秀文化的借鉴

信息化时代，信息本身的复杂性与传播媒介的多样性推进了信息交互方式的变革。人民群众对各种信息的接受范围逐渐扩大，且内容变得更加广泛。在这个虚拟的网络平台上，世界各种多元的文化得以交流互动，这为跨文化的交流和理解提供了前所未有的机遇。新时代背景下，艺术类大学生更应以包容和审慎的态度来面对文化的碰撞和交融。他们需要在接受多元文化信息的同时，有选择地接纳或摒弃西方文化对于自身文化认同的影响。他们可以从西方文化中吸取优点，借鉴其先进的艺术创作理念、表现方式和审美观念。

通过这种方式，他们可以实现中华优秀传统文化的创造性转化和创新性发展，为艺术的繁荣发展注入新的活力。但是在借鉴西方文化的过程中，艺术类大学生也必须保持清醒的头脑。西方文化虽然有其独特的魅力，但并不适用于所有背景和环境的普适模板。每个国家和民族都有其独特的历史、传统和价值观，艺术类大学生需要在借鉴外来文化时，注重在本土文化特色的基础上进行创新，不仅要保持文化的独特性，更要为其注入新时代的内涵。

借鉴西方优秀文化在审美价值观教育中具有重要的意义。这个过程可以丰富我国的审美教育内容，有助于提升艺术类大学生的审美情趣和综合素养。西方文化源远流长，涵盖了古希腊罗马文明、文艺复兴、启蒙运动等众多重要历史时期，内含音乐、绘画、文学、哲学等多个领域。通过借鉴这些文化，可以拓宽艺术类大学生的审美视野，使其接触不同风格、流派和时代的艺术作品，从而培养出更加多元的审美品位。西方文化的深厚历史为我国的审美教育提供了宝贵的资源。

古希腊罗马文明代表了人类文明的一个高峰，其对哲学、政治、艺术等领域的贡献至今仍然具有重要影响力。通过研究古希腊罗马的文化，艺术类大学生可以了解到古代艺术和审美观念的起源，进一步理解艺术与人类思想发展的密切关系。文艺复兴时期则是艺术史上的又一重要时刻，它重新点燃了古典艺术的火焰，推动了文学、绘画和音乐等领域的繁荣。通过学习文艺复兴时期的文化，学生可以体验到艺术的复兴和创新如何塑造了欧洲文化的面貌，也可以启发他们在创作和欣赏艺术时追求卓越和创新。启蒙运动则强调了理性、自由和人权等社会主义核心价值观，这些观念也深刻影响了艺术创作。通过了解启蒙运动，艺术类大学生可以明白艺术与社会、政治和伦理观念之间的关联。此外，西方文化的多样性和多层次性也为我国的审美教育提供了宝贵的资源。西方文化包括了来自不同国家和地区的艺术风格和流派，从古典音乐到现代摄影，从文学经典到当代电影，都有丰富的内容可以供学生探索和借鉴。

西方优秀文化鼓励个体表达独立思想、追求独特的艺术风格。这种价值观有助于培养艺术类大学生的创造力和创新意识，使他们在审美领域能够更自由地表达自己的想法和情感。这种西方文化中所倡导的价值观，不仅仅对艺术领域有着深远的影响，也对整个社会产生了积极的影响。它鼓励了个体独立思考的习惯，使每个艺术类大学生都能够在创作中表达自己独特的观点和情感。这种自由表达的环境有助于推动艺术的多样化和创新，让艺术作品更加富有深度和内涵。这种文化价值观也培养了艺术类大学生的创造力和创新意识。

在西方社会，个体被鼓励去追求新颖的思维和方法，这反过来促进了艺术家们不断尝试新的艺术形式和技巧。这种创造力和创新意识不仅在艺术领域有用，还在其他领域，如科学、技术和商业中产生了积极的影响。西方优秀文化中对个体独立思考和自由表达的价值观为艺术类大学生提供了一个充满活力和创造力的环境。这种环境不仅有助于他们培养独特的艺术风格，还激发了他们的创造力和创新意识，使他们在审美领域能够不断突破自己的创作极限，为社会带来更多的艺术和文化价值。这种文化价值观的传承和发展，将继续为艺术世界和整个社会带来无尽的活力和创意。

在审美价值观教育过程中，借鉴西方优秀文化也可以促进跨文化交流和理解。现阶段，文化交流日益频繁，了解和尊重不同文化的价值观是培养国际视野和胸怀的关键。通过学习西方文化，可以促使艺术类大学生更好地理解其他文化，避免文化偏见，促进文化多样性的共存。值得注意的是，在借鉴西方优秀文化的过程中，应该保持适度和平衡。我们的国家拥有自己独特的传统文化，也应该在教育中予以充分重视和传承。借鉴不等于盲目模仿，

第五章 新时代艺术类大学生审美价值观培育的实践措施

而是在吸收外来文化的同时,结合本土实际进行创新和提升。艺术类大学生应该深刻理解西方优秀文化所内含的价值观,并根据我们国家的历史、文化和社会特点,进行有针对性的转化和融合。只有在充分理解外来文化的基础上,才能将其融入艺术类大学生的审美教育中,避免简单地照搬外部形式,而忽略了核心内涵。

中华优秀传统文化是我们民族的根基,具有丰富的审美内涵和精神价值。在审美教育中,我们应该引导艺术类大学生深入了解中国传统的艺术形式,培养对传统文化的热爱和尊重。我们也可以通过文化对比,让艺术类大学生更好地认识中西方文化的异同之处。通过这种对比,他们可以更全面地理解不同文化的审美观点和审美标准,培养跨文化的理解能力和开放的审美心态。在借鉴西方优秀文化的同时,要注重培养艺术类大学生对于本国文化的自信。当前,我国正处于社会主义初级阶段,文化自信是中华优秀传统文化走向世界的重要支撑。在审美价值观教育中,应该鼓励艺术类大学生自信地展现自己的审美观点和创造力,也要引导他们在面对外来文化时保持自己的独立判断力。

5.2.3 中华优秀传统文化的承续

中华优秀传统文化是中华民族几千年来所积淀的瑰宝,是中华民族精神的重要组成部分。全球化语境下,中华优秀传统文化的传承面临着独特的挑战和机遇,其可能因为新的文化涌入和社会变革而受到冲击,导致其受众范围逐渐缩小。但是当前时代也为传统文化的传播提供了前所未有的机会,因为互联网和社交媒体使得信息传递更加便捷,跨越国界的文化交流也日益频繁。在审美价值观教育中,承续中华优秀传统文化的重要性日益凸显。

中华优秀传统文化作为历史的见证,蕴含着中华民族的智慧和品格,有助于培养艺术类大学生的文化自信和身份认同。通过深入了解中华优秀传统文化的背后故事,艺术类大学生能够感受到自己与历史的联系,从而更好地理解自己的文化根基。中华优秀传统文化所蕴含的审美价值观有助于引导艺术类大学生培养高尚的情操和道德情感。例如,中国古诗词中对自然、人生、情感的描绘,都可以培养他们的情感细腻性和美的感知能力。要在现代社会中使中华优秀传统文化焕发新的生命力,需要创新的思维和方法。其不应被僵化地视为过去的象征，而是应当融入现代的创作和生活。这就需要教育领域、文艺领域等的共同努力，以更加活泼、多元的方式，将传统元素融入当代艺术、设计和媒体中。这种融合不仅可以满足现代社会的审美需求，还能为中华优秀传统文化注入新的活力，让它在时光的洪流中绽放出新的光彩。

在审美价值观教育中，我们应当深刻理解中华优秀传统文化的独特性，因为它承载着千百年来的智慧和精神，反映了中华民族的独特性格和价值观。中华优秀传统文化不仅仅是一种文化形式，更是一种精神财富，它蕴含了丰富的哲学、伦理、艺术和审美观念，具有深刻的人文内涵。审美教育也要强调中华优秀传统文化的当代意义，让艺术类大学生明白这些价值观念在现代社会依然具有重要作用。传承与弘扬中华优秀传统文化不仅仅是为了维护传统文化，更是为了提升个体的审美品位和文化素养。这种传承将有助于培养更多有深度、有创意的艺术家，他们能够在国际舞台上展现中华文化的独特魅力。

在审美价值观教育过程中，扎根现实生活和弘扬中华优秀传统文化是不可或缺的元素。现实生活是审美教育的原始材料，美来源于生活，审美教育应当引导艺术类大学生从日常生活中汲取美的养分。通过观察大自然的景色、欣赏艺术作品、体验人际关系中的美好，艺术类大学生能够培养对美的敏感性。例如，教育者可以带领艺术类大学生走进自然，观察四季更替中的美丽景色，激发对自然美的感受，这不仅让他们与大自然建立联系，也培养了他们的审美情感。审美价值观教育需要与现实生活相结合，通过让艺术类大学生感受到生活中的美和传统文化的魅力，可以培养出更具审美情感和创造力的一代人，使他们不仅能够欣赏美，还能够创造美，为社会的发展和文化的传承贡献力量。只有在这样的教育下，才能培养出更多有情怀、有创意、有责任感的审美人才，为社会注入更多的正能量。

与此同时，中华优秀传统文化的传承还需要借助现代科技手段，将其传播出去。中华优秀传统文化自古以来一直被奉为宝贵的文化遗产，它包括了博大精深的文学、艺术、哲学、道德、礼仪等多个方面。在现代社会的快速发展和全球化的浪潮下，中华优秀传统文化面临着失传的危险。因此，借助现代科技手段将中华优秀传统文化广泛传播变得至关重要。互联网的普及使

第五章　新时代艺术类大学生审美价值观培育的实践措施

得文化传播更加便捷,通过社交媒体、网络视频、博客等平台,艺术类大学生可以轻松地了解中华优秀传统文化,而无需受到地域、空间、时间的限制。例如,通过在线直播或视频分享,传统的舞蹈、音乐和戏剧表演可以被全球观众欣赏,进而激发更多人的兴趣。虚拟现实(VR)和增强现实(AR)技术也为文化传承提供了新的可能性。借助 VR 技术,艺术类大学生可以沉浸式地体验中国古代的建筑、风景和历史事件,这种沉浸式体验有助于他们更深入地理解和欣赏传统文化。AR 技术可以在实际场景中融入虚拟元素,如在博物馆中使用 AR 眼镜,观众可以看到与展品的相关历史信息和背景,从而增强了互动和学习的体验。AI 可以帮助解读古代文献、绘画和音乐,使其更易于理解和传承。

人工智能也可以在文化传承中发挥关键作用。语音识别和自然语言处理技术可以帮助艺术类大学生学习古代文学作品和古典文言文,从而促进语言技能的传承。同时,利用短视频等新兴媒体形式,可以将中华优秀传统文化进行创新性呈现,使其更符合艺术类大学生的审美习惯。通过生动有趣的方式,解读古代诗词、展示传统工艺、介绍古代故事,能够引起艺术类大学生的共鸣,激发他们对传统文化的兴趣。在学习中华优秀传统文化的过程中,互联网和社交媒体的广泛运用还能够打破地域限制,将中华优秀传统文化传播到全球各地。这不仅有助于增进不同文化之间的相互了解,也为中国文化在国际上的传播提供了新的途径。

5.3　方法支撑:优化审美价值观的教学模式

5.3.1　发挥主体能动性推进开放式教学

开放式教学是一种教育方法和理念,强调受教育者的主动性、创造性和合作性,旨在创造一个自由的学习环境,促使他们积极参与、自主探究和深入学习。在传统教学中,教师通常是主导者,艺术类大学生则是被动接受知识。而在开放式教学中,艺术类大学生被视为主动的学习者,有权决定学习的内容和方向。他们可以根据自己的兴趣和需求,选择适合自己的学习材料、方法和策略。这种学生主导的学习方式可以激发他们的学习兴趣和动力,提高学习效果。但是,开放式教学并不是一种简单的放任自由的教学方式,而是在一定的框架和指导下实现艺术类大学生自主发展的过程。开放式教学在艺术类大学生的审美价值观教育中具有重要意义，它引导艺术类大学生的主动参与、自主思考和多元探索，有助于培养他们的独立思考能力、提升创新意识。以下将从教学目标、教学方法和评价体系三个方面阐述在艺术类大学生的审美价值观教育中推进开放教学的重要性。

在教学目标方面，开放式教学可以更好地培养艺术类大学生的审美情感和审美能力。传统的教学方法往往注重知识传递和技巧训练，忽略了艺术类大学生情感体验和审美意识的培养。艺术类大学生可以在开放的学习环境中，自由地探讨和思考不同的艺术作品、风格、流派以及其背后的文化背景。通过参与讨论、分析，他们能够深入了解不同审美观点的来源和发展，逐渐形成独特而丰富的审美情感。这种积极参与的过程，促使他们更加敏锐地捕捉艺术中的情感共鸣，从而更好地理解和欣赏艺术作品。

艺术是一个不断变化的领域，它需要持续的创新和思考。艺术不应该受限于一成不变的形式，而应该鼓励艺术类大学生尝试不同的表达方式、材料和媒介，以培养他们独特的创造力。开放式的学习形式为他们提供了这个机会。在开放式的学习环境中，艺术类大学生可以自由地探索各种艺术形式，不受传统的束缚。他们可以跨足绘画、雕塑、摄影、表演艺术、数字媒体等多个领域，从而丰富他们的视野和创作技巧。这种多样性有助于培养出更具创新性和独特性的艺术家，推动艺术领域的发展。

开放式教学通过让艺术类大学生从多个角度思考问题，培养了他们深入思考的习惯。他们不再满足于简单地解读作品的表面意义，而是追求更深刻的理解和洞察。艺术与其他领域相互交融，不拘一格的思维方式可以带来更多的创新。艺术家可以从科学、哲学、社会科学等领域汲取灵感，创造出独特而有深度的作品。因此，开放式教学不仅仅有助于培养艺术家的创造力，还能促进不同领域之间的交流与合作，推动文化和社会的进步。

在教学方法方面，开放式教学强调艺术类大学生参与的积极性和自主性。在开放式教学中，教师扮演着引导者的角色，通过开放式的教学方法可以培养艺术类大学生的艺术表达能力和独立思考能力。组织艺术类大学生积极参与艺术讨论是一个有效的方法，教师可以提出开放性问题，鼓励艺术类大学

第五章 新时代艺术类大学生审美价值观培育的实践措施

生分享自己的见解和想法,从而引发深入的思考和交流。案例分析也是开放式教学的重要组成部分。通过分析真实的艺术案例,艺术类大学生可以学习到实际的创作经验和挑战。在学习过程中引导他们深入剖析艺术家的创作意图、技巧运用等,从而帮助他们在实践中融会贯通,提升自己的艺术水平。

开放式教学在艺术类大学教育中具有重要的地位,其中一个关键环节是引导学生积极参与实践项目。这一过程有助于培养学生的创造力、审美意识和问题解决能力。教师在这个过程中可以为艺术类大学生提供一个主题框架,同时保持一定的自由度,让艺术类大学生在这个范围内自由发挥。例如,可以鼓励他们进行开放性的艺术创作,让他们自由选择材料和技巧,以表达自己的创意和观点。这种自由的环境有助于激发艺术类大学生的创造力,让他们勇敢尝试新的艺术形式和风格。在实践项目中,他们将不可避免地面临各种问题和挑战。这些问题可能涉及艺术创作过程中的技术挑战,也可能涉及概念和表达方式的困惑。他们需要通过独立思考和探索,或者与同学之间的合作和交流来解决这些问题。这种自主性的学习过程有助于培养学生的解决问题的能力,让他们学会面对挫折和困难时保持坚韧。

除此之外,还可以引导艺术类大学生进行实地考察和文献研究。实地考察是一种极具教育价值的方式。通过亲身体验艺术作品,艺术类大学生可以深刻感受到艺术与环境的交互作用。走进画廊、博物馆、雕塑公园或表演场馆,艺术类大学生可以与艺术品近距离接触,感受到作品的氛围、情感和细节。这种体验不仅能够帮助他们更好地理解艺术家的创作意图,还能激发对艺术作品的深层次情感共鸣。实地考察还能促进学生的观察力、批判性思维和表达能力的发展,从而加深他们对艺术与精神之间联系的理解。

文献研究也是培养艺术类大学生审美观的重要途径。通过阅读不同的书籍、文章和研究论文,艺术类大学生可以获取来自不同文化和学术领域的观点和信息。这样的多元性能够帮助他们形成更为全面的审美观,不局限于某种特定的审美理论或流派。文献研究还能够启发学生思考艺术与社会、文化、历史等方面的关联,从而拓宽他们的知识视野,深化对艺术的理解。为了培养艺术类大学生更深刻的审美观,实地考察和文献研究都是非常有价值的方法。通过亲身体验和广泛阅读,艺术类大学生可以更好地理解和欣赏艺术,同时也能够丰富自己的思想和精神世界。这种综合性的学习体验将有助于他们成为更富有洞察力和创造力的艺术家和观众。

在评价体系方面，开放式教学下的艺术类大学课程需要建立起灵活多样的评价机制，以更准确地衡量艺术类大学生的学术成果和创意表现。相较于传统的考试和作业评价，这些方法难以全面地评估艺术类大学生的审美能力和创造力。一种有效的评价方法是引入作品展示。艺术类大学生可以根据课程内容和个人兴趣，创作出符合题目要求的艺术作品。通过作品的创作和呈现，他们能够展示他们的审美理念、表现能力以及对所学知识的理解。这种方法不仅使评价更为直观，而且鼓励艺术类大学生在创作中发挥个人风格，能够不断增强他们的自信心。

小组讨论是一种有益的评价方式。正所谓旁观者清，跳脱出固有的创作思维，他人或许可以更准确地发现问题。在小组中，艺术类大学生们可以交流彼此的看法、观点和创意，能够进一步拓展艺术视野，还能够培养合作能力。作为被评价者，理性地看待朋辈对于自己作品的看法，能够有效地提升自己的艺术水平。个人陈述是评价体系中的重要环节。通过要求艺术类大学生撰写关于他们作品创作背后的灵感、艺术理念和技术运用等方面的个人陈述，评价者可以更深入地了解艺术类大学生的创作思路和创意动机。这不仅有助于评价艺术类大学生的创造力，还能够培养他们的自我表达能力。作为评价者可以更好地观察他人的思考过程，以局外人的视角客观地分析他人的艺术作品。在这样的交流互动中，不但能够提升艺术类大学生的沟通能力，还能够提升他们的反思能力，这些都是培养艺术人才所必需的素质。

5.3.2 强调情感共通性推进情景式教学

艺术作品承载了艺术创作者的情感，人们在欣赏艺术作品的过程中同样能够感受到其中的情感波动。以艺术作品作为媒介，可以构建创作者与大众之间的沟通桥梁。事实上，艺术创作者的情感与现实生活中的某一事件、某一对象紧密相连，私人性和个体性是这种情感的典型特征，人们往往很难对于这种情感产生共鸣。私人性的情感表达并不能转化为让人们普遍接受的艺术情感，而艺术情感应该是人类的普遍情感，一个真正意义上的艺术家是一个表现情感的人。那人类情感又是怎么定义的呢？什么样的情感才是人类情

第五章　新时代艺术类大学生审美价值观培育的实践措施

感呢？

艺术情感既是艺术创作者领悟到的人类情感，也是对人类情感的艺术表达。在一定条件下，个人情感是艺术情感表达的媒介。朗格说，一个舞蹈并不是演员本身情感的征兆，而是它的创造者对各种人类情感认识的一种表现。能够看出，艺术情感并非囿于个人与现实之间的利害关系，而是淡化了功利性的情感。因此，艺术情感凌驾于个人情感之上，是具有共通性的情感模式。艺术情感的深厚与否，取决于个人情感积淀的深度与广度，要了解、表达人类情感就必须有亲身的、深刻的类似体验，这体验就是个人在现实生活中自我情感。当然，强调体验并不意味着以自我情感代替艺术情感，同样艺术情感的表达并非自我情感的简单借用。那么艺术类大学生怎样才能将具有私人性的个人情感转变为具有人类共通性的艺术情感呢？

功利性是区别人类情感与艺术情感的主要因素。从心理角度来看，在实践体验之后，时空距离能够客观地影响主体的审美心境，审美心境的变化拉开了审美主体与现实之间的审美距离。时间是世上最好的良药，如我们经历了一段深刻的感情后，在时间的推动与发酵下，当我们再次回望这段感情时，审美心境就会发生变化。主客体之间产生了一种距离，无形中淡化了原有情感的个人性、功利性。因此，由审美心境引发的心理距离成为淡化审美功利性的有效途径。鲁迅认为，感情正烈的时候，不宜作诗，否则锋芒太露，能将"诗美"杀掉。人类情感的表达需要个人情感的再度体验，人类情感其实是个人情感经过时间积淀、汇聚的共通性情感。

在审美价值观教育过程中，艺术类大学生的社会经验相对不足。为引导艺术类大学生创作出更优秀的艺术作品，高校需要为他们提供一定的情景式教育，以创造类似体验的条件，增加情感厚度。所谓"情景"就是在主体与客体之间的对话与交往关系中，"情"与"景"的辩证统一。真实的情景体验能够吸引学生的注意力，能够通过创设适当的环境条件有效地激发艺术类大学生的内在潜能，推动艺术类大学生认知与情感的均衡稳定发展。情景式教育作为教师与学生之间的一种有效交流的方式，能在实际的情景中引导艺术类大学生产生浓厚的兴趣，从而有助于提升学习实效。审美价值观教育是师生之间双向交流互动的动态过程，在现代审美教育中，单纯地延续传统的教学形式已经无法满足新时代高校审美教育的需求，这制约了艺术类院校教学质量的有效提升。因此，将情景式教学引入艺术类大学生审美价值观教育中，能够加强师生之间的情感联系，引导艺术类大学生主动学习，也能够有效提高审美价值观教育的质量和效率。

情景式教育是一种以创造生动情景为特点的教学方法，通过将学习置于具体的情景中，能够更好地引导艺术类大学生去理解、体验和内化审美价值观。情景式教育可以培养艺术类大学生对艺术的深刻体验。在传统的教学中，艺术常常被理论化、抽象化，艺术类大学生难以真正感受其中蕴含的情感和意义。而情景式教育通过创造具体的情景，使艺术类大学生置身其中，能够更加真切地体验艺术作品所传达的情感和思想。例如，通过在音乐课上创造一个仿佛置身于音乐会现场的情景，让学生不仅听到音乐，还能感受到音乐带来的情绪和情感，从而深刻理解音乐背后的价值。

情景式教育在促进艺术类大学生情感参与方面发挥着关键作用。艺术类大学生通常需要更多的情感参与和沉浸式体验，以培养他们的创造力、表现力和艺术感知力。他们通过欣赏艺术作品能够产生情感波动，而基于这种情感的涌动能够深化对作品内涵的理解。情景式教育创造了一个情感交融的学习环境，能引导艺术类大学生对艺术作品的情感投入。在这样的环境中，他们能够更加敏感地捕捉作品所传达的情感和情绪，深入感受艺术家的创作意图。这种情感共鸣不仅丰富了学生的审美体验，还激发了他们对作品的深入思考。在情感的引导下，能够更深刻地理解作品的内在价值，从而形成更加丰富和全面的审美观点。

情景式教育在增强艺术类大学生实践能力的方面发挥着关键作用。在审美教育中，实践是培养艺术类大学生创造力和艺术素养的核心要素。而情景式教育为艺术类大学生提供了一个更为真实和贴近实际的练习平台，促使他们能够更好地掌握艺术技能，将所学知识有机地应用到实际情景之中。通过情景式教育，他们可以在模拟的情景中进行创作、表演或演练，仿佛置身于真实的艺术创作环境中。例如，在戏剧课上，艺术类大学生可以被引导进入一个特定的故事情景，扮演不同角色并进行表演。这种沉浸式的实践经验不仅让艺术类大学生更好地理解角色情感，还能够提升他们的表演技巧和创造

第五章 新时代艺术类大学生审美价值观培育的实践措施

力,促使艺术类大学生将所学知识运用到实际场景中,从而更好地掌握和巩固所学内容。

在艺术类大学生的审美价值观教育中,采用情景式教育是一种有力的方法,能够深度融入学生的情感、体验和实践,从而提升他们的审美鉴赏力和艺术素养。下面将进一步探讨如何在这一领域中进行情景式教育,以达到更好的教育效果。

在艺术类大学生的审美价值观教育中,创造丰富的情景是引导他们深入理解和体验艺术的重要手段。情景式教育要求教师巧妙地设计和呈现情景,以便艺术类大学生能够在其中进行全面的感知、思考和参与。在审美教育过程中,情景的创造需要充分考虑学科特点和学生需求。教师可以通过模拟真实的艺术场景(画廊、剧院、工作室等),或者虚拟的场景,让艺术类大学生身临其境地感受艺术氛围。以音乐课为例,教师可以在课堂上模拟一个音乐会的情景,通过投影、音响等技术手段,让学生感受到观赏音乐会的真实感觉,从而更好地理解音乐的表达与情感。

情景的设计应该注重细节。教师可以布置相应的道具、装饰、音效等,使学生感觉仿佛置身于实际情景中。创造情景不仅仅是为了提供一种感受,更要激发艺术类大学生的思考和创造。教师也可以在情景中设置不同的问题、情感冲突等,引导他们思考作品背后的意义和价值。同时,情景的创造应当灵活多样。可以根据不同的教学内容和学生特点,灵活地创造不同类型的情景。有时可以是一个静谧的画廊情景,有时可以是一个热闹的演出舞台。

在情感体验方面,情景式教育为艺术类大学生的审美价值观教育带来了深度的情感共鸣。艺术作品往往是情感的抒发和表达,通过情景式教育,艺术类大学生可以更加深刻地感受和理解作品所传递的情感和情绪,从而提升其审美体验和情感认知。教师可以有意识地选择具有代表性的艺术作品进行情景设计,在文学课上,可以选择一篇描写友情、爱情或人生困境的作品,通过情景式教育,让艺术类大学生可以在情景中感受故事中角色的情感和内心变化。这种深入的情感体验不仅能够让他们更好地理解作品,还能够唤起他们的情感共鸣,使他们更能体会艺术作品的价值和意义。

通过情景式教育,教师可以创造出一个逼真的情景,让艺术类大学生扮演角色并投入到角色的情感中。这种角色扮演不仅能够加深他们对角色内心世界的理解，还能够培养他们的情感表达能力和演技。通过在情景中体验不同情感，艺术类大学生可以更好地理解人物之间的情感关系和发展，从而更准确地诠释角色的情感和情绪。这种情景式教育有助于提高他们的情感智慧和同理心，通过扮演不同的角色，艺术类大学生能够更深入地体验和理解不同情感的复杂性，从而更容易与他人建立情感联系和共鸣。这不仅对于他们的艺术创作有益，还对他们的生活和人际关系产生积极影响。因此，情景式教育在塑造全面发展的艺术类大学生方面起到了关键作用，可以帮助他们更好地理解和表达情感，也丰富了他们的情感世界，提升了人际交往能力。

引发深刻的思考与讨论是情景式教育中至关重要的一环，在艺术类大学生的审美价值观教育中，通过思想碰撞和观点交流，可以深化学生对艺术作品的理解，激发他们的批判思维和创造力。在艺术课堂中，教师可以通过设计具体的情景，鼓励学生提出问题，分享个人见解。以音乐欣赏课为例，教师可以打造一个模拟音乐会的情景，艺术类大学生在其中聆听音乐作品。随后，教师可以引导他们开展主题讨论，鼓励他们分享对音乐作品的主题、情感和情绪的理解，以及与自己个人经历的联系。通过这样的讨论，艺术类大学生之间的观点碰撞可以激发更多的灵感和思考。在引发讨论的同时，教师需要充当引导者的角色，不仅仅是提问者，更要有耐心倾听学生们的意见。

情景式教育的另一个重要方面是强调艺术实践，在艺术类大学生的审美价值观教育中，这点显得尤为关键。审美教育的核心目标之一是培养艺术类大学生的实践能力和创造性思维，而情景式教育正是能够有效地实现这一目标的方法之一。通过情景式教育，艺术类大学生可以在具体情景中进行艺术实践，从而更好地掌握各种技能和表达方式。例如，在舞蹈教育中，教师可以创造一个演出情景，让艺术类大学生在其中进行编舞和表演。这样的实践不仅可以帮助学生熟练掌握舞蹈技巧，还能够培养他们的创作能力，激发想象力，创造出独具个性的舞蹈作品。通过在情景中的实践体验，艺术类大学生能够将抽象的艺术理念转化为具体的表现形式，进一步深化他们对审美价值观的理解。

最后，及时反馈与总结是情景式教育中不可或缺的环节，它有助于巩固学生的学习成果、促进思考并深化审美价值观的理解。教师应在情景式教育结束后与艺术类大学生进行积极的反馈交流。通过回顾他们在情景中的体验、观点和感悟，可以了解每个艺术类大学生的学习效果和个人收获。通过提出问题、分享见解，艺术类大学生可以将情景中的经历与个人对艺术的理解联系起来，从而形成更加系统和深刻的审美认识。这种总结有助于艺术类大学生将所学知识内化为自己的思想，并在日后的学习和生活中得到合理的应用。总结阶段也是教师对整个情景式教育进行反思和提升的时机。

这种反馈不仅可以帮助教师更好地调整教学策略，还能进一步鼓励艺术类大学生积极参与。教师对于反馈信息不仅应关注艺术类大学生的表现，还应关注他们的情感和情绪。通过询问他们在情景中的情感变化和情绪体验，可以更深刻地了解艺术类大学生对艺术作品和审美价值观的感受。这有助于在情感层面引导艺术类大学生深入思考。教师可以回顾教学设计、学生反应以及教学效果等多个教学环节，分析哪些方面取得了成功，哪些方面需要改进。这有助于教师在未来的教学中更加精准地运用情景式教育方法，以达到更好的教育效果。

5.3.3 强化教师队伍建设推进榜样式教学

现阶段，新时代的高校已经逐渐开始将审美教育课程纳入素质教育体系。无论是综合类院校还是艺术类院校，针对艺术类大学生的审美教育工作仍然存在一些问题。例如，教师队伍建设有待提升，教学理念滞后，教学内容匮乏、教学目标模糊等。教师的综合素养在审美价值观教育中至关重要，他们的素养直接影响着审美价值观的培育效果。在日常与艺术类大学生的沟通和交流中，教师的言行举止会对他们产生潜移默化的影响。因此，为达到良好的审美价值观教育效果，需要发挥教师的榜样引领作用，通过教师自身的行为引导艺术类大学生追求正确、积极的审美价值观。

榜样教育旨在通过向艺术类大学生展示积极的榜样和典范，引导他们在道德、行为和价值观方面进行积极的塑造和发展。这种教育方法通常由政府、学校、社会机构等权威机构主导，其目的是通过榜样人物的事迹、品德和成就，来启发和激励艺术类大学生在个人成长过程中树立正确的目标、价值观和行为准则。在流量明星盛行的现阶段，需要明确区分榜样学习与偶像崇拜的区别。偶像崇拜是指个体或群体对某些人物形象表现出的过度欣赏、钦佩、喜欢和向往的心理和行为。这些人物通常是在娱乐、体育、艺术等领域中拥有突出成就或特点的个体，如明星、运动员、艺术家等。偶像崇拜往往涉及情感投入，追捧者会将这些偶像视为榜样，赋予其超越常人的特殊地位，并可能在生活中模仿他们的行为、言谈举止。

在当代社会，随着媒体的普及和社交平台的兴起，偶像崇拜现象更加普遍。艺术类大学生可以更容易地接触到自己喜欢偶像的信息，与其他追随者交流，甚至可以直接表达对偶像的喜爱之情。但是偶像崇拜也可能引发一些负面影响，如过度迷恋、盲目崇拜，甚至损害到个人的价值观和自我认同。与正常的欣赏和尊重不同，偶像崇拜往往带有情绪化色彩，可能使个体过分投入，失去理性判断。因此，明辨偶像崇拜与理性尊重之间的界限是非常重要的，特别是在艺术类大学生的成长过程中，需要帮助他们正确看待偶像，并将偶像的优点与自身的成长相结合。

榜样教育与偶像崇拜在某些方面存在相似性，它们都与个体对特定人物的情感和行为表现有关。榜样教育强调将积极的价值观传递给艺术类大学生。通过向他们展示那些具有卓越品德和成就的榜样人物，逐渐引导学生追求积极的审美价值观。这种教育方法以激励和启发为中心，通过让学生亲近那些在所属领域取得杰出成就的榜样，鼓励他们树立追求卓越的目标，并借鉴榜样的道德和行为。与此相对，偶像崇拜也涉及对个人的钦佩和模仿，但更侧重于情感共鸣和对偶像行为的追随。当个体将某人视为偶像时，他们通常与偶像建立了强烈的情感联系，因为偶像的特质或成就与他们的价值观相符或引起共鸣。这种情感共鸣可以激发个体去模仿偶像的行为、追求相似的目标或者学习他们认为值得学习的品质。两者都有助于个体的成长和发展，但方法和侧重点有所不同，根据具体情境和教育目标选择合适的方法可能更为有效。

榜样教育与偶像崇拜是两种不同的情感和行为表现，它们在动机、效果和价值观等方面存在着显著的差异。这两种现象对个体和社会产生不同的影响，以下将对它们的差异性进行详细阐述。榜样教育注重的是培养个体的品德、道德和价值观，以实现全面的人格发展。通过向艺术类大学生展示优秀

第五章 新时代艺术类大学生审美价值观培育的实践措施

品德和卓越成就的榜样人物,能够激发艺术类大学生积极向上的动力,可以引导他们在道德、行为和人生目标上追求高标准。榜样人物通常以其为人师表的榜样形象,为年轻一代树立了正确的人生导向,从而促使他们成为有益于社会的积极公民。相反,偶像崇拜更多地强调个体情感的共鸣和情感的满足。偶像崇拜者可能因为偶像的外貌、成就或其他个人特点而产生强烈的情感依赖和情感向往。这种情感共鸣可能导致个体忽视偶像的缺点,从而失去了对偶像真实性的客观判断。偶像崇拜者可能会因为"光环效应"而不假思索地追随偶像的行为,甚至模仿其生活方式,但这并不一定有助于个人的真实成长和社会的进步。

榜样引导和偶像崇拜在教育效果上也存在显著的区别。榜样教育的结果是培养了具备正确价值观、社会责任感和积极行为准则的个体。他们在模仿榜样的同时,还会在行为和价值观上进行深入思考,将其融入日常生活中。但是偶像崇拜可能会带来一些消极影响,如过度情感依赖、盲目模仿以及可能的虚荣心等。这种情况下,个体可能更关注自己与偶像的情感联系,而忽略了个人的内在成长和社会的长远利益。最重要的是,榜样教育和偶像崇拜在价值观上存在明显不同。榜样教育强调的是正确的道德观和社会价值,旨在培养具备良好品德的个体,从而促进社会的和谐发展。而偶像崇拜可能缺乏明确的价值观基础,更多地侧重于个人感官娱乐的满足,可能在某些情况下引导个体偏离正确的价值取向。

榜样教育在艺术类大学生的审美价值观教育中至关重要。在新时代背景下,榜样教育出现了一些问题,主要体现在内容滞后、形式单一以及深度不足等方面。随着新媒体的飞速发展,人们获取信息的方式发生了变化,信息获取渠道也逐渐多样化。加之传统榜样教育的内容陈旧,形式单一,导致榜样在受教育者心中的权威性下降,因此,榜样教育的有效性受到了一定程度的影响。传统的榜样式教育大多局限于语言灌输,以学校组织的主题讲座、悬挂条幅等单一形式来传播和弘扬榜样精神,由于网络媒体的强势发展,现有的教育形式无法满足新时代学生追求新鲜和多样的审美需求。

传统榜样教育在深度与持续性方面存在不足。在传统榜样教育中,往往只着重于呈现榜样的成功经历和成就,而较少涉及其背后的价值观、品德、坚持等方面。这种浅层次的呈现无法深刻地引导受教育者去理解榜样的内在动力和成长历程，限制了其在道德、情感等方面的启发作用。传统的榜样教育往往是零散的、片段化的，缺乏持续性的引导和影响。它可能只在某些特定时间或活动中出现，缺少渗透日常生活和学习的机会。由于榜样教育的影响不够持久，艺术类大学生可能很快忘记所受到的启示，无法在日常行为和决策中持续地运用其中的价值观和原则。

媒体与资本的深度联合，推动了偶像明星的层出不穷及迭代更新。尽管艺术类大学生具备一定的审美能力，然而这种能力尚未完全成熟。他们愿意追求新鲜事物，敢于冒险，追逐时尚潮流。虽然艺术类大学生看似拥有自主选择追随某位"偶像"的权利，但实际上这些偶像往往是经过精心包装的理想化形象。因此，这可能会对大学生的审美标准、思想意识以及价值取向产生不良的影响。模糊了对偶像与榜样的界定，随意的选择可能会导致他们对榜样教育意识的淡化。面对真正值得效仿的榜样时，他们可能会持漠视甚至诋毁的戏谑和轻浮态度，从而错失了向真正优秀榜样学习的机会。

在当今社会，媒体与资本的紧密结合推动了偶像文化的蓬勃发展，这种现象在艺术领域尤为突出。艺术类大学生作为文艺工作的主力军，他们的审美价值观教育显得尤为重要。仅仅追求时尚和流行往往会导致表面化的崇拜，缺少深层次的内在吸引力。艺术类大学生的审美价值观教育是一个综合性的过程，其中开展榜样教育具有重要作用。榜样教育不仅能够激发学生的艺术灵感，还能够引导他们树立正确的价值观和人生观。在这个过程中，从强化教师队伍的角度入手，可以在审美价值观教育过程中有效地开展榜样教育。

在榜样教育中教师可以作为艺术类大学生的直接榜样，也可以通过教师的指导为艺术类大学生树立崇高的榜样，这都需要教师具有较高的综合素养。在艺术类大学生的审美价值观教育中，通过强化教师队伍建设，可以有效推进榜样式教学，促进艺术类大学生的全面发展。一个优秀的教师队伍是推动榜样式教学的基础。学校应该建立健全的选拔机制，确保教师队伍中有一批具备卓越艺术水平和专业素养的教师。在选拔过程中，可以采用综合评估的方法，包括面试、教学演示和专业考察等，确保选聘到具有良好教育教学能力和以身作则教学风格的榜样教师。教师队伍的构建需要高度重视教师的审

第五章 新时代艺术类大学生审美价值观培育的实践措施

美素养和专业知识。教师应该具备广泛的艺术理论基础，以便能够全面指导艺术类大学生的审美发展。在教学过程中，通过教师的引导，艺术类大学生可以知晓具有什么品质的人物可以作为榜样，什么行为是值得学习的，进而可以在不同的领域中明确树立自己的榜样。

在推进榜样式教学中，培养榜样教师是一项重要的举措。学校可以采取多种方式，促进教师之间的交流和研讨，营造一个互相学习和共同成长的氛围。定期举办教师座谈会、教学研讨会、教学观摩等活动，为教师提供展示自己教学成果和经验的机会。通过这些交流和研讨，教师们可以互相借鉴优点，共同探讨教学方法，不断提升教学水平和教育理念。学校还应该鼓励榜样教师积极参与艺术作品的创作和演出，积极组织艺术展览、音乐会、戏剧演出等活动，为教师提供展示个人才华和艺术成果的平台。这不仅可以加强教师在艺术领域的影响力，还能够为艺术类大学生提供直观、生动的艺术体验，激发他们的艺术兴趣和创作潜能。

通过培养榜样教师，学校可以为艺术类大学生营造一个积极的学习环境。榜样教师以身作则，通过杰出的表现和艺术实践，影响艺术类大学生的审美观和创作能力。他们不仅具备卓越的艺术水平，还能够激发艺术类大学生的学习热情和创造力。通过榜样教师的引领，艺术类大学生能够接触到真实、优秀的艺术作品和实践，进一步提高他们的艺术鉴赏能力和审美素养。为了培养榜样教师，学校可以加强教师个人发展计划的制定和实施。鼓励教师参加专业培训、学术研究和教学改革项目，提供相应的支持和资源。通过这些机会，教师可以不断完善自己的教学理念和方法，开展创新实践，并在教学过程中成为艺术类大学生的良师益友和榜样。

参考文献

[1] 韩保江，李志斌. 中国式现代化：特征、挑战与路径[J]. 管理世界，2022，38(11)：29-34.

[2] 中共中央宣传部. 习近平总书记在文艺工作座谈会上的重要讲话学习读本[M]. 北京：学习出版社，2015.

[3] 习近平. 高举中国特色社会主义伟大旗帜 为全面建设社会主义现代化国家而团结奋斗——在中国共产党第二十次全国代表大会上的报告[M]. 北京：人民出版社，2022.

[4] 李连科. 价值哲学引论[M]. 北京：商务印书馆，1999.

[5] 曾燕波. 当代中国青年价值观发展特点及生成因素研究[J]. 毛泽东邓小平理论研究，2007(06)：39-45+83.

[6] 黄卫星. 审美价值观的传播与建构——当代美育中的对话与交往[M]. 北京：人民出版社，2012.

[7] 李栋桦. 马克思的生态美学思想及其当代价值[J]. 自然辩证法研究，2020，36(09)：8-12.

[8] 马克思，恩格斯. 马克思恩格斯选集(第1卷)[M]. 中共中央马克思恩格斯列宁斯大林著作编译局，译. 北京：人民出版社，2012.

[9] 娄永清. 哲学相对论[M]. 北京：人民出版社，2005.

[10] 黑格尔. 美学(第一卷)[M]. 朱光潜译，北京：商务印书馆，2019.

[11] 李醒尘. 西方美学史教程[M]. 北京：人民出版社，2021.

[12] 田甜. 社交媒体与女大学生的"理想美"建构研究[J]. 中国青年研究. 2023(06)：94-102.

[13] 黄枬森. 马克思主义哲学体系的当代构建[M]. 北京：人民出版社，2011.

[14]高秉江. 西方知识论的超越之路——从毕达哥拉斯到胡塞尔[M]. 北京：人民出版社，2012.

[15]叶知秋. 无美之学——西方美的本质学说批判[M]. 北京：人民出版社，2004.

[16]康德. 判断力批判[M]. 邓晓芒译，北京：人民出版社，2002.

[17]朱光潜. 文艺心理学[M]. 安徽：安徽教育出版社，1987.

[18]马克思，恩格斯. 马克思恩格斯全集(第19卷)[M]. 中共中央马克思恩格斯列宁斯大林著作编译局，译. 北京：人民出版社，1963.

[19]袁贵仁. 价值观的理论与实践——价值观若干问题的思考[M]. 北京：北京师范大学出版社，2006.

[20]冯刚. 在中华民族伟大复兴进程中坚定文化自信[J]. 马克思主义理论学科研究，2017，3(03)：94-103.

[21]庞立生. 中国式现代化的文明观[J]. 思想理论教育导刊，2023(06)：42-51.

[22]张志敏，李静，闫津臣，罗茜. 全球化、技术进步与福利全要素生产率的提升——基于183个国家和地区的数据比较分析[J]，宏观经济研究，2022(02)：115-136.

[23]李卓卓，苗淼儿，张康. 在信息素养教育中培养批判思维——国外高校图书馆的调查与经验借鉴[J]. 情报资料工作，2022，43(04)：103-112.

[24]蒋颖荣. 族际伦理：民族关系研究的伦理学视野[J]. 思想战线，2010，36(03)：25-29+84.

[25]张烁. 坚持中国特色社会主义教育发展道路 培养德智体美劳全面发展的社会主义建设者和接班人[N]. 人民日报，2018-09-11(1).

[26]习近平. 习近平谈治国理政(第三卷)[M]. 北京：外文出版社，2020.

[27]孙燕，李晓锋. 科教兴国战略下的高质量教材体系建设意义、内容与路径[J]. 出版科学，2023，31(04)：26-34.

[28]朱琳. 新媒体场域中高校思想政治教育的语境创设[J]. 学校党建与思想教育，2021(22)：14-16.

[29]冯海波. 中国共产党与马克思主义文化创新[M]. 北京：人民出版社，2021.

[30]王秀阁. 大学生人际交往理论与方法[M]. 北京：人民出版社，2010.

[31]莫先武. 新时期来意象研究三种策略及反思[J]. 社会科学家，2011(03)：35-38.

[32]周芳. 思想政治教育审美研究[M]. 北京：人民出版社，2012.

[33]徐敦广，王志华. 关于我国民族声乐艺术审美取向的思考[J]. 东北师大学报，2006(06)：139-145.

[34]习近平. 一个国家、一个民族不能没有灵魂[J]. 求是, 2019(08): 4-8.

[35]袁智忠, 蒋峰. 电影工业美学的伦理命题[J]. 上海大学学报(社会科学版), 2023, 40(03): 55-64.

[36]张寒. "风"与"疯": 互联网时代青年群体的审美狂欢[J]. 中国青年研究, 2023(01): 21-27+61.

[37]马克思. 1844年经济学哲学手稿[M]. 北京: 人民出版社, 2000.

[38]周宪. 视觉文化的转向[M]. 北京: 北京大学出版社, 2008.

[39]王化学. 人文精神力量与中华民族理统——试从国学角度论析之[J]. 山东社会科学, 2022(10): 68-74.

[40]黑格尔. 美学(第1卷)[M]. 朱光潜译, 北京: 商务印书馆, 1979.

[41]习近平. 习近平谈治国理政(第四卷)[M]. 北京: 外文出版社, 2022.

[42]李德顺. 价值论——一种主体性的研究[M]. 北京: 中国人民大学出版社, 2020.

[43]赵军峰, 冉启英, 谢红雨. 绿色发展视阈下红色文化资源开发利用研究[J]. 红色文化资源研究, 2020, 6(1): 127-133.

[44]科林伍德. 艺术原理[M]. 北京: 中国社会科学出版社, 1985.

[45]苏姗·朗格. 艺术问题[M]. 滕守尧等译, 北京: 中国科学出版社, 1983.

[46]鲁迅. 鲁迅全集(第11册)[M], 北京: 人民文学出版社. 1981.